採用担当者なら押さえておきたい

外国籍人材雇用の基礎知識

行政書士法人エベレスト

申請取次行政書士 野村 篤司［著］

税務経理協会

はじめに

現在の日本社会における生産年齢人口（15歳～64歳）の著しい減少と経済界からの強い要請を背景として，2018年12月14日に「出入国管理及び難民認定法及び法務省設置法の一部を改正する法律」が公布され，新しい在留資格「特定技能」が始まりました（一部の規定を除き，2019年4月1日から施行）。これを機に，「人手不足」が深刻な一部の産業分野においては，従来よりも「外国人雇用」という選択肢が増えることになり，また外国籍労働者にとっては，これまでよりも日本で就労しやすくなったと考えられています。

ところが，新しい在留資格「特定技能」は，法務省のみならず各産業分野を管轄する各省庁に運用が一部任せられることとなり，従来の就労可能な在留資格と比べても大変に難解な制度となっています。このような制度や法令の正しい理解をせずに，仮に就労可能な在留資格を持たない外国籍労働者を雇用したり，許可された職務内容と異なる職務に従事させてしまったりすると，雇用主である企業側も「不法就労助長罪」に該当してしまう恐れがあります。外国籍労働者を雇用するうえでは，「在留カードを確認することはもちろんのこと，日本企業側に「正しい制度理解と厳格な雇用管理体制を整えること」が社会的にも一層求められることとなりました。

本書は，「申請取次行政書士」として日本企業側及び就労を希望する外国籍労働者本人からの依頼に基づき「在留資格申請」を多数取り次いできた知識や経験，また同時に事業主（雇用主）としても中国籍・ベトナム籍・韓国籍の従業員の雇用を軸に事業を拡大してきた経験を基に，「外国籍労働者の雇用の入門書」として，多くの一般企業の人事・総務担当者にご活用頂けることを目的として執筆致しました。難解な条文理解や申請実務は別の専門書に委ね，

【検討】①外国籍労働者の採用を検討する段階

【採用】②採用方針が決まり，採用活動を実際に行い，雇入れの準備を行う段階

【契約】③採用が決まった外国籍労働者と雇用契約を締結し，各種労働法制を確認する段階

【定着】④雇用後の定着支援を行う段階

の４つの段階（章）に応じて必要最低限の情報を集約し，時系列でわかりやすい情報提供になることを主眼に置いております。

本書をご一読頂き，日本企業及び外国籍労働者の双方にとって，徹底した法令遵守のもと，働きがいがあり，幸せに満ちた職場環境整備の一助となることを心から願っております。

2020 年 3 月

行政書士法人エベレスト　代表社員

野村　篤司

目　次

第3章 雇用する際の諸手続き・注意点

第4章 定着支援・生活支援

検討段階

第1章 「外国籍労働者」の雇用に経営上の活路を見出す！

第1章では，具体的な雇用手続を理解していく前に，「そもそも外国籍労働者[1]を採用（活用）すべきか否か」という経営上の観点について考察・執筆しています（そのため，既に意思決定が完了している場合は，第2章まで読み飛ばして頂いて構いません）。日本人の代わりとなる単なる「労働力」としてではなく，経営戦略上重要となる「キーパーソン」としての外国人材の活用という視点も意思決定の際に重要となります。まずは意思決定をするうえで参考となる各統計資料を押さえていきましょう。

1 日本人の生産年齢人口は「減少」の一途を辿る

「雇用」を考えるうえで重要な指標となる（我が国における）生産年齢人口（15歳～64歳）は，少子高齢社会を背景に，「減少」の一途を辿っています。本書執筆時点で最新の統計情報[2]によれば，2019年1月1日時点で約7,531万7,000人ですが，総人口が1億人を下回るとされる約30年後の2050年には4,930万人まで大幅に減少すると推計されています。これはあくまで「年齢だけ」を基準としていますが，例えば仮に「4年制大学を卒業した者（22歳以上）であり，かつ50歳未満」を採用条件とした場合は，かなり数が絞られ，「採用難」だと感じる企業が多くなることは間違いないでしょう。

1　本書では，入管法で定義され，一般化している「外国人」という表記について，差別的表現に当たる（疎外感を感じさせる等）という意見に配慮して，「外国籍労働者」（又は外国人材）という表現を用いています。定義としては，入管法と同様に「日本国籍を有しない者」と捉えて頂いて構いません。

2　総務省統計局の人口推計（https://www.stat.go.jp/data/jinsui/new.html）

図1　将来人口の予測

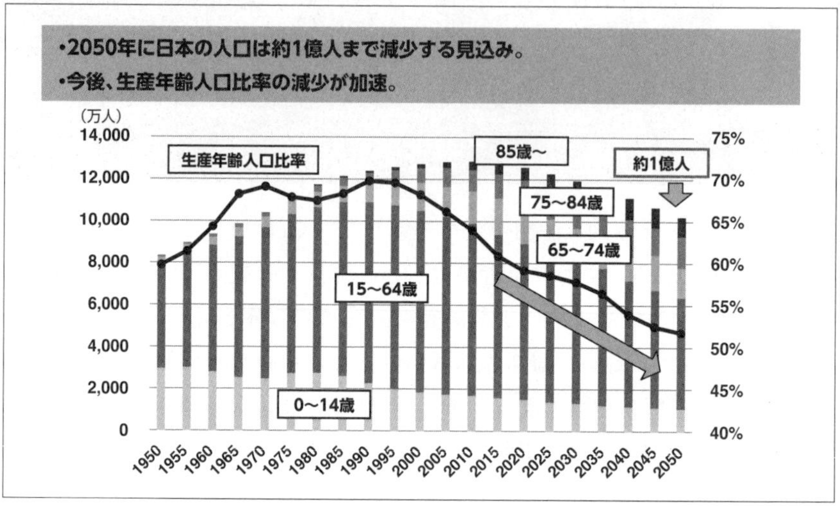

出典：経済産業省「2050 年までの経済社会の構造変化と政策課題について」(平成 30 年 9 月) (https://www.meti.go.jp/shingikai/sankoshin/2050_keizai/pdf/001_04_00.pdf)

2 「採用難」を打開するための国策　～ダイバーシティの推進～

前述のとおり，日本における「労働力不足」，すなわち多くの日本企業にとって，今よりも増して「採用難」の時代が到来することが断言できます。これから訪れる「採用難時代」を乗り切るためには，今よりも給与水準を上げ，より柔軟な働き方を認めることができるように「就業規則」を改訂し，企業（就業する場所）としての魅力をあらゆる媒体（紙・ネットを問わず）を活用して最大限にアピールし，採用活動自体にも多額の経費を掛け，あの手この手で試行錯誤することが必要になるかもしれません。しかし，そのようなことが十分にできるのは財務状況や業績の優れた一部の大企業に過ぎず，全企業数の 99.7% を占める中小企業（中小企業基本法に基づく定義）にとっては実現困難であるか，少なくない「苦痛」を伴うものになるでしょう。

そこで打開策として考慮したいのが，内閣府・厚生労働省が「働き方改革」の一つとして掲げる「ダイバーシティの推進」です。具体的には，①病気の治療と仕事の両立，②女性が活躍できる環境整備，③高齢者の就業支援，④子育て・介護等と仕事の両立，⑤障害者就労の推進，⑥外国人材の受入れ，⑦若者が活躍しやすい環境整備の７つが挙げられています。このなかで，特に注目，推奨したいのが，本書のテーマでもある「⑥外国人材の受入れ」です。

3　右肩上がりの訪日外国人観光客　～増え続ける在留外国人～

筆者が中小企業・小規模事業者にこそ，外国人材の受入れ（外国籍労働者の獲得）を勧める理由は以下の２つのデータがあります。

1　訪日外国人観光客数の増加

以下の図２のとおり，2018 年には訪日外国人旅行者数が初めて年間 3,000 万人を突破し，毎年のように過去最高を記録しています。本書執筆段階ではまだ明らかではありませんが，2019 年についてはラグビーワールドカップの日本開催が寄与し，過去最高の更新が推測されています。また 2020 年には東京オリンピック・パラリンピックの開催もあり，これまでの訪日観光客のリピーター需要も増えて，年々拡大傾向にあることが推測できます。

2　在留外国人数の増加

以下の図３のとおり，2019 年６月末時点において，282 万 9,416 人もの外国籍の方々（一部は「労働者」でもあり，かつ消費者）が日本に在留しています。2020 年に行われる東京オリンピック・パラリンピックの影響や，訪日外国人観光客数が増加していることもあり，在留外国人数についても，増加傾向はしばらく継続すると推測できます（もっとも，世界各国との物価や賃金

図2　訪日外国人旅行者数の推移

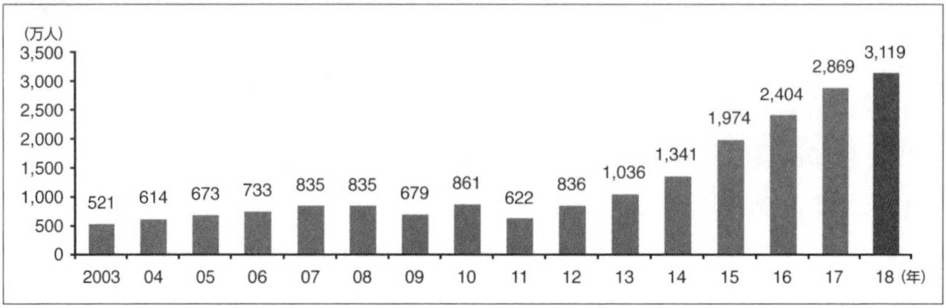

出典：令和元年版「観光白書」要約資料

図3　在留外国人数の推移

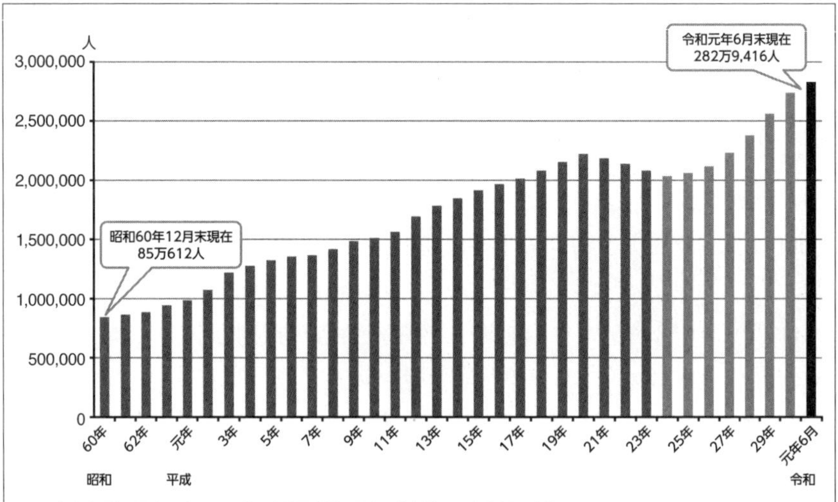

※各年末現在。平成23年までは外国人登録者数。平成24年以降は，在留外国人数。

出典：「新たな外国人材の受入れ及び共生社会実現に向けた取組」(http://www.moj.go.jp/content/001293198.pdf)

などの経済情勢の格差が広がれば，日本が労働者や消費者にとっての魅力が薄れ，「日本離れ」が進む可能性も否定できません)。

短期的な視点のみならず，中長期的な視点で考察してみても，「インバウンド（訪日外国人）関連」及び「在留外国人数」（＝外国籍の消費者）の増加は顕著であり，今後成長が見込まれる有望な市場（ターゲット層）の一つとなります。これらのグローバル市場へ円滑に参入していくためには，「（同じ国籍を持つ）外国人材の積極活用」というのが一つの経営上の選択肢になるでしょう。日本人も，海外へ旅行した際に，日本人スタッフが宿泊先ホテルで日本語で対応してくれると大いに安心するように，外国籍労働者の存在は，訪日外国人観光客や在留者にとって，大きな安心感を与える存在であることは変わりありません。すなわち，外国人観光客や外国人消費者に対して，外国籍労働者を採用して対応することが顧客満足に寄与（＝売上増大要因）するのです。

4 外国籍労働者を採用・雇用するメリットとデメリット

前述のとおり，外国人材を積極活用することは経営上有益であるとの結論に至ったとしても，メリット・デメリットについて列挙し，比較衡量する必要があるでしょう。実際に採用・雇用を経験し，また多くの外国籍労働者の雇用主（経営者）と対話するうえで感じたメリット・デメリットを表1にまとめてみました。採用を検討するうえで参考となれば幸いです。

表1 〉 外国籍労働者を採用・雇用するメリットとデメリット

メリット（積極的要素）	デメリット（消極的要素）
① 外国特有の商慣習や価値判断基準等を捉えやすい ② 外国籍労働者が持つ同じ国出身同士のネットワークにアクセスしやすくなる（営業優位） ③ 同じ職場で働く従業員の思考や提供するサービス内容に「多様性」が生まれやすくなる ④ 日本人労働者よりも潜在的労働者数が多く，採用ルートさえ確立できれば，採用はしやすい ⑤ （極めて感覚的でありますが）新興国出身者は労働意欲が高く，真面目で優秀な方も多い	① 日本特有の商慣習や国民性等のギャップは少なからず生じる ② 言語能力レベルに大きく左右されるものの，難しい言い回しや日本語のあいまいな表現などを用いたコミュニケーションが難しく感じることがある ③ 「在留資格」で認められた職務内容（在留活動）に限られる（ただし，制限のない在留資格もあります） ④ 独自の文化や宗教的信仰に対する配慮が必要（食の問題や宗教的儀礼など） ⑤ 在留資格によっては，「期限」があり，帰国する必要が生じる場合がある

5 「不法就労」について

外国籍労働者の採用を検討するにあたって，最も注意しなくてはいけないことは，「不法就労」です。本書でいう「不法就労」とは，以下の２つの活動を指します。

> ① 我が国に不法に入国・上陸したり，在留期間を超えて不法に残留したりするなどして，正規の在留資格を持たない外国人が行う収入を伴う活動
> ② 正規の在留資格を持っている外国人でも，許可を受けずに，与えられた在留資格以外の収入を伴う事業を運営する活動又は報酬を受ける活動

つまり，「短期滞在」や「研修」などの就労が認められない在留資格で在留している外国人や在留期間を超えて，あるいは上陸の許可を受けることなく滞在している外国人は就労できません。このような外国人が就労した場合

図4　不法就労防止キャンペーンリーフレット（抜粋）

不法就労とは？　不法就労となるのは，次の3つの場合です。

1	不法滞在者や被退去強制者が働くケース	（例） ・密入国した人や在留期限の切れた人が働く ・退去強制されることが既に決まっている人が働く
2	入国管理局から働く許可を受けていないのに働くケース	（例） ・観光等短期滞在目的で入国した人が働く ・留学生や難民認定申請中の人が許可を受けずに働く
3	入国管理局から認められた範囲を超えて働くケース	（例） ・外国料理のコックや語学学校の先生として働くことを認められた人が工場・事業所で単純労働者として働く ・留学生が許可された時間数を超えて働く

注意！
事業主も処罰の対象となります!!

・不法就労させたり，不法就労をあっせんした人「不法就労助長罪」
⇒３年以下の懲役・300万円以下の罰金
（外国人を雇用しようとする際に，当該外国人が不法就労者であることを知らなかったとしても，在留カードを確認していない等の過失がある場合には，処罰を免れません。）

・不法就労させたり，不法就労をあっせんした外国人事業主⇒退去強制の対象

・ハローワークへの届出をしなかったり，虚偽の届出をした人⇒30万円以下の罰金

不法就労者を発見した場合や雇用しようとする外国人が不法滞在者であることが判明した場合には**地方入国管理局へ通報したり出頭を促す**などしてください！

外国人を雇用する際には在留カードを確認してください！

在留カードは，企業等への勤務や日本人との婚姻などで，入管法上の在留資格をもって適法に我が国に中長期間滞在する外国人の方が所持するカードです。旅行者のように一時的に滞在する方や不法滞在者には交付されません。
特別永住者の方を除き，在留カードを所持していない場合は，原則として就労できません。所持していなくても就労できる場合については裏面「※ 在留カードを所持していなくても就労できる場合がある方」をご参照ください。

出典：出入国在留管理庁ホームページ（http://www.immi-moj.go.jp/news-list/2016campaign.html）

には，不法就労となり「退去強制等」に処せられます。

なお，不法就労外国人を雇用した事業主，不法就労となる外国人をあっせんした者等不法就労を助長した者は，入管法第73条の2により3年以下の懲役又は300万円以下の罰金に処せられます。また，集団密航者を運んできた者からその密航者を収受して，支配管理下においたまま不法就労させている場合，不法就労助長罪のほか入管法第74条の4により5年以下の懲役又は300万円以下の罰金（営利目的があれば1年以上10年以下の懲役及び1,000万円以下の罰金）に処せられます。

また，退去強制を免れさせる目的で，不法入国者又は不法上陸者をかくま

う等の行為をした場合，入管法第 74 条の 8 により 3 年以下の懲役又は 300 万円以下の罰金（営利目的があれば 5 年以下の懲役及び 500 万円以下の罰金）に処せられます。

このように，不法就労に関与することは懲役刑に処せられる恐れがあり，非常に重い刑事罰が規定されており，**外国籍労働者本人ではなく，その「雇用主」についても科せられる**ことを十分理解しておく必要があります。

採用段階

第2章 採用及び雇入れ準備（在留資格制度の理解）

本章では，外国籍労働者の採用で必要不可欠な「在留資格」に関する基本知識を紹介します。それぞれの在留資格に該当するか否かは，管轄の出入国在留管理局の行政相談窓口でも（簡単な）相談には対応してもらうことが可能ですが，窓口では明確な回答がもらえず，「書類を揃えて早めに提出してください」との回答しか得られないことも少なくありません。そのため，ある程度，確度の高い回答が早期に欲しい場合は，筆者が経営する「行政書士法人エベレスト」やお近くの「申請取次行政書士[3]」へ相談することを推奨します。

1 「在留資格」とは

「在留資格（ざいりゅうしかく）」とは，入国の際に外国人の入国・在留の目的に応じて入国審査官から与えられる資格で，外国籍の方は原則としてこの資格の範囲内でのみ日本国内で活動（滞在）することが可能です。「在留資格」とは似て非なるもので，「査証（ビザ）」と「上陸許可」があります。俗にいう「ビザの切り替え」「ビザの延長」は，法律上はそれぞれ「在留資格

3 「申請取次行政書士」とは，行政書士法で定める国家資格者である「行政書士」のうち，出入国管理及び難民認定法施行規則の規定に基づき地方出入国在留管理局長へ事前の届出を行った者であり，その証明として「届出済証明書」を所持しています。「申請取次行政書士」は申請人から取次に関する依頼を受け，申請書類の提出を「取り次ぎ」することが可能です。依頼者としては，自ら申請のために出向くという煩雑さや申請手続上のミスや不備による不許可リスクを回避することが可能となります。

表2 〉査証（ビザ）と上陸許可について

査証（ビザ）	上陸許可
ビザは，日本国大使館又は総領事館の長が，外国人の所持する旅券が真正であり，かつ，日本への入国に有効であることを確認するとともに，発給するビザに記す条件のもとにおいて，その外国人の日本への入国及び滞在が適当であるとの推薦の性質を持つものです。また，ビザを所持していることはあくまでも「出入国管理及び難民認定法」上の上陸のための要件の一つであり，入国を保証するものではありません。「出入国管理及び難民認定法」に基づき，日本に上陸しようとする外国人は，原則として，自国政府の発給する有効な旅券（パスポート）に，日本国大使館又は総領事館の長の発給するビザを受けたものを所持する必要があります。 　ビザは，海外にある日本国大使館又は総領事館において発給されます。日本に到着したとき又は日本に滞在中に取得することはできません。	入国審査官は，日本に上陸しようとする外国人に対して，「出入国管理及び難民認定法」に定める上陸のための要件を満たしているかを審査します。要件には，旅券やビザの有効性，入国目的，滞在予定期間が含まれます。要件を満たしている場合，入国審査官は，外国人に対して「上陸許可」を与えます（旅券上に証印をする)。「上陸許可」の証印には，日本で行うことのできる活動等を示す「在留資格」，日本に滞在することのできる期間である「在留期間」などが表示されます。ビザは，上陸審査を受けた時点で使用済み（※）とされ，外国人の日本滞在の根拠は「上陸許可」になります。 ※　「数次ビザ」は，有効期間満了まで使用済みとはなりません。

出典：「ビザ・上陸許可について」（外務省ホームページ：https://www.mofa.go.jp/mofaj/toko/visa/seido/index.htm）

の変更」「在留期間の更新」に相当します。日本国内での在留期間（滞在期間）の延長などは出入国在留管理庁（地方出入国在留管理局）において申請を受け付けています（申請受付の管轄については，巻末資料又は法務省ホームページを参照)。

この「在留資格」は，2020 年（令和 2 年）1 月 1 日時点で，以下の表 3 のとおり，29 個に分類されています（分類の方法によっては 33 個と紹介される場合もあります)。これらのうち，日本において就労が可能（労働の対価として適法に収入を得ることができるという意味）なものは，出入国管理及び難民認

表3 〉 在留資格一覧表（2019 年 4 月以降適用）

就労が認められる在留資格（活動制限あり）

在留資格	該当例
外交	外国政府の大使，公使等及びその家族
公用	外国政府等の公務に従事する者及びその家族
教授	大学教授等
芸術	作曲家，画家，作家等
宗教	外国の宗教団体から派遣される宣教師等
報道	外国の報道機関の記者，カメラマン等
高度専門職	ポイント制による高度人材
経営・管理	企業等の経営者，管理者等
法律・会計業務等	弁護士，公認会計士等
医療	医師，歯科医師，看護師等
研究	政府関係機関や企業等の研究者等
教育	高等学校，中学校等の語学教師等
技術・人文知識・国際業務	機械工学等の技術者等，通訳，デザイナー，語学講師等
企業内転勤	外国の事務所からの転勤者
介護	介護福祉士
興行	俳優，歌手，プロスポーツ選手等
技能	外国料理の調理師，スポーツ指導者等
特定技能（注 1）	特定産業分野（注 2）の各業務従事者
技能実習	技能実習生

（注 1）平成 31 年 4 月 1 日から

（注 2）介護，ビルクリーニング，素形材産業，産業機械製造業，電気・電子情報関係産業，建設，造船・舶用工業，自動車整備，航空，宿泊，農業，漁業，飲食料品製造業，外食業（平成 30 年 12 月 25 日閣議決定）

身分・地位に基づく在留資格（活動制限なし）

在留資格	該当例
永住者	永住許可を受けた者
日本人の配偶者等	日本人の配偶者・実子・特別養子
永住者の配偶者等	永住者・特別永住者の配偶者，我が国で出生し引き続き在留している実子
定住者	日系３世，外国人配偶者の連れ子等

就労の可否は指定される活動によるもの

在留資格	該当例
特定活動	外交官等の家事使用人，ワーキングホリデー等

就労が認められない在留資格（※）

在留資格	該当例
文化活動	日本文化の研究者等
短期滞在	観光客，会議参加者等
留学	大学，専門学校，日本語学校等の学生
研修	研修生
家族滞在	就労資格等で在留する外国人の配偶者，子

※資格外活動許可を受けた場合は，一定の範囲内で就労が認められる。

出典：出入国在留管理庁「新たな外国人材の受入れ及び共生社会実現に向けた取組」(http://www.moj.go.jp/content/001293198.pdf)

定法の「別表一」及び「別表二」に規定されていますが，大きく分けて以下に記載する「(1) 就労系在留資格」と「(2) 身分系在留資格」に分けることができます。本書においては，一般向けの入門書という性格から，全ての在留資格についての詳細説明はしませんが，外国籍労働者の採用活動を行ううえで，最低限知っておくべき，代表的な在留資格について，いくつか説明していきます。

なお，「在留資格」は，「1人に対して1つのみ」付与され，3か月を超える中長期在留者には顔写真付き（16歳以上のみ）の「在留カード」が交付さ

Column 01　在留カードとは？

在留カードとは，新規の上陸許可，在留資格の変更許可や在留期間の更新許可など在留資格に係る許可の結果として我が国に中長期間在留する者（中長期在留者）に対して交付される運転免許証サイズの証票です。法務大臣が我が国に中長期間滞在できる在留資格及び在留期間をもって適法に在留する者であることを証明する「証明書」としての性格を有するとともに，上陸許可以外の在留資格に係る許可時に交付される在留カードは，従来の旅券（パスポート）になされる各種許可の証印等に代わって許可の要式行為となるため「許可証」としての性格を有しています。この「在留カード」には，氏名，生年月日，性別，国籍・地域，住居地，在留資格，在留期間，就労の可否などの法務大臣が把握する情報の重要部分が記載されていますので，記載事項に変更が生じた場合には変更の届出を義務付けており，常に最新の情報が反映されることになります。なお，16 歳以上の方には顔写真が表示されます（16 歳に満たない方については，顔写真は表示されない）。

在留カードのイメージ

（http://www.immi-moj.go.jp/tetuduki/zairyukanri/whatzairyu.html）

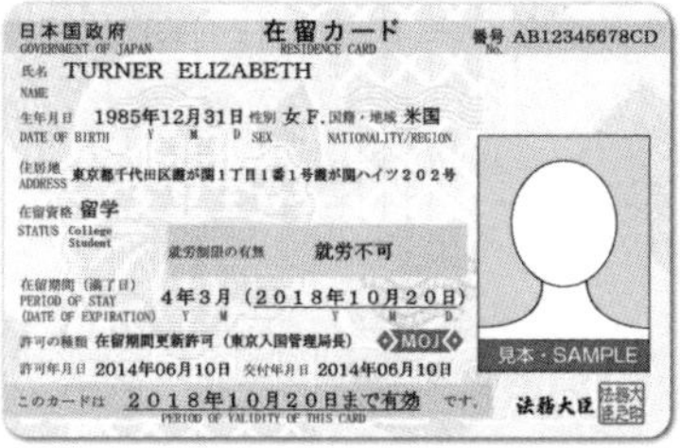

表面

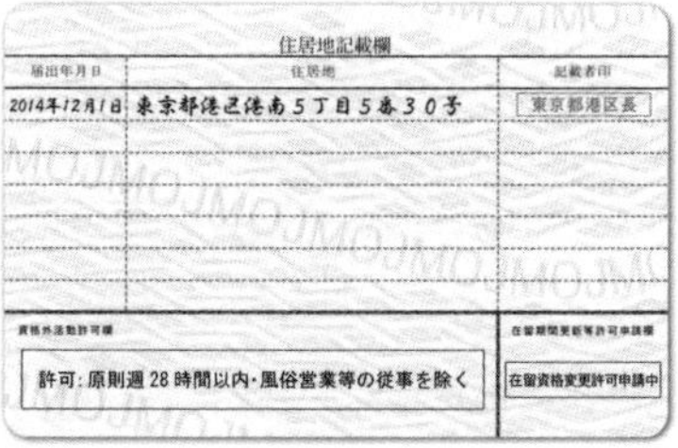

裏面

れます。既に日本で生活している外国籍の方の在留資格については，この「在留カード」を見せてもらうことで確認が可能です。

なお，特別永住者については，「在留カード」ではなく，「特別永住者証明書（カード）」が発行されます（Column 04 参照）。

Column 02　資格外活動の許可（入管法第19条）について

日本に在留する外国人は，入管法別表第一又は第二に定められた「在留資格」をもって在留（中長期滞在）することとされています。入管法別表第一に定められた在留資格は，就労や留学など日本で行う活動に応じて許可されるものであるため，その行うことができる活動は，それぞれの在留資格に応じて定められています。したがって，許可された在留資格に応じた活動以外に，収入を伴う事業を運営する活動又は報酬を受ける活動を行おうとする場合には，あらかじめ資格外活動の許可を受けていなければなりません。資格外活動の許可は，証印シール（旅券に貼付）又は資格外活動許可書の交付により受けられます。証印シール又は資格外活動許可書には，「新たに許可された活動内容」が記載されますが，以下の３つの種類があります。

①　雇用主である企業等の名称，所在地及び業務内容等を個別に**指定する場合**

②　原則１週に28時間以内であること及び活動場所において風俗営業等が営まれていないことを条件として企業等の名称，所在地及び業務内容等を**指定しない場合（包括的許可）**

③　地方公共団体等において雇用されている「教育」，「技術・人文知識・国際業務」又は「技能（スポーツインストラクターに限る）」の在留資格をもって在留する外国人が，１週に28時間以内であること及び地方公共団体等との雇用契約に基づいて，在留資格「教育」，「技術・人文知識・国際業務」又は「技能（スポーツインストラクターに限る）」に該当する活動を行うことを条件として，勤務先の名称，所在地及び業務内容等を**指定しない場合（包括的許可）**

＜在留カードの裏面下部にスタンプが押される例＞

＜旅券（パスポート）に貼付される例＞

参考：法務省ホームページ

1 就労系在留資格（※抜粋）

「就労系在留資格」（働くことを活動目的とした在留資格）について，メジャーなものをいくつか説明します。なお，街中のコンビニや飲食店で働く外国籍の方々の多くは，「留学」又は「家族滞在」という在留資格で日本に滞在しており，**「資格外活動許可」**）（Column 02 参照）を得て，原則 1 週 28 時間以内という制限のもと就労しています。厳密には「就労系在留資格」そのものではないため，本書では説明を省きます。なお，「こういう職務内容でも雇用が可能か否か」という疑問がありましたら，専門家（申請取次資格を持つ行政書士が一般的）に相談されることをお勧めします（もちろん筆者が代表を務める行政書士法人エベレストでも構いません）。それでは，一つずつ説明していきます。【巻末資料 1】も参考にしながら読み進めると，理解を深めやすいでしょう。

教　授

❯ 日本において行うことのできる活動

日本の大学若しくはこれに準ずる機関又は高等専門学校において，研究，研究の指導又は教育をする活動を行うことができます。

❯ 具体例

「日本の大学若しくはこれに準ずる機関又は高等専門学校において」の，学長，所長，校長，副学長，副校長，教頭，教授，准教授，講師，助手等として研究，研究の指導又は教育をする活動が該当します。海外国籍を持つ学者を，大学等の公的教育機関が受け入れる場合に検討する在留資格です。就労系在留資格には分類されますが，一般企業（株式会社）では認められない在留資格のため，参考程度に捉えて頂いて構いません（後述する在留資格「研究」との比較という観点から説明を行っています）。

❯ 注意点

① 在留資格「研究」（後述）と異なり，研究の指導や教育をする活動も行うことができます。

② 小学校や中学校，高等学校等において教育を行う活動は在留資格「教育」（後述）に該当します。

③ 民間企業で研修講師として教育をする活動は，これに該当しません。

④ 在留資格「研究」と異なり，上陸基準省令[4]の適用はありません。

高度専門職（1号・2号，イ・ロ・ハ）

「我が国の学術研究や経済の発展に寄与することが見込まれる高度の専門的な能力を持つ外国人の受け入れを促進しよう」という考えを背景として，平成27年4月1日から認められている比較的新しい在留資格で，他の就労系在留資格と比べて活動制限が大幅に緩和されており，家事使用人の帯同等の優遇措置が設けられている在留資格になります。この「高度専門職」は，以下の表4記載のとおり，3つの類型に分けられます。なお，この在留資格ができる前は，平成24年法務省告示第127号「高度人材在留指針」（平成24年5月7日施行）により，「特定活動」の在留資格が与えられていました。

この「高度専門職」の在留資格を得るには，次ページの表5（ポイント計算表）に従って，70点以上をクリアすることが求められます。細かい計算には知識が必要とされますが，概ね「年齢が若くて高収入・高学歴・日本語能力が高い・実務経験がある」という四拍子揃った人材であれば，検討するとよいでしょう。「永住許可」の取得要件も大幅に緩和されています。

---

4 「上陸基準省令」とは，「出入国管理及び難民認定法第7条第1項第2号の基準を定める省令」のことをいいます（巻末資料2参照）。この省令で定められる活動については，当該基準を満たす必要がありますので，在留資格申請を行う際は，注意が必要です。難しく感じる場合は，申請取次行政書士又は申請取次弁護士などの専門家に相談することを推奨します。

表4 高度専門職の３つの類型について

在留資格の区分	①高度学術研究活動「高度専門職１号（イ）」	②高度専門・技術活動「高度専門職１号（ロ）」	③高度経営・管理活動「高度専門職１号（ハ）」
日本における主たる活動内容	日本の公私の機関との契約に基づいて行う研究，研究の指導又は教育をする活動	日本の公私の機関との契約に基づいて行う自然科学又は人文科学の分野に属する知識又は技術を要する業務に従事する活動	日本の公私の機関において貿易その他の事業の経営を行い又は管理に従事する活動
付帯して認められる活動内容	又は当該活動と併せて当該活動と関連する事業を自ら経営し若しくは当該機関以外の日本の公私の機関との契約に基づいて研究，研究の指導若しくは教育をする活動	又は当該活動と併せて当該活動と関連する事業を自ら経営する活動	又は当該活動と併せて当該活動と関連する事業を自ら経営する活動
具体例	大学院で博士号を取得し，論文をいくつか発表しており，若くて年収も高い研究職に従事する社員等	海外の有名大学でプログラミングを学んだ「スーパーエンジニア」を高い年収で雇用した場合の当該社員等	海外で既に実績を有しているベンチャー企業経営者，海外から招いた「プロ経営者」等
その他注意点等		※「国際業務」は含まれません。	

表5 高度人材のポイント計算表

	高度学術研究分野		高度専門・技術分野	
学歴	博士号（専門職に係る学位を除く。）取得者	30	博士号（専門職に係る学位を除く。）取得者	30
学歴	修士号（専門職に係る博士を含む。）取得者	20	修士号（専門職に係る博士を含む。）取得者（注7）	20
学歴	大学を卒業し又はこれと同等以上の教育を受けた者（博士号又は修士号取得者を除く。）	10	大学を卒業し又はこれと同等以上の教育を受けた者（博士号又は修士号取得者を除く。）	10
学歴	複数の分野において，博士号，修士号又は専門職学位を有している者	5	複数の分野において，博士号，修士号又は専門職学位を有している者	5
職歴（実務経験）（注1）			10年〜	20
職歴（実務経験）（注1）	7年〜	15	7年〜	15
職歴（実務経験）（注1）	5年〜	10	5年〜	10
職歴（実務経験）（注1）	3年〜	5	3年〜	5
年収（注2）	年齢区分に応じ，ポイントが付与される年収の下限を異なるものとする。詳細は②参照	40〜10	年齢区分に応じ，ポイントが付与される年収の下限を異なるものとする。詳細は②参照	40〜10
年齢	〜29歳	15	〜29歳	15
年齢	〜34歳	10	〜34歳	10
年齢	〜39歳	5	〜39歳	5
ボーナス①〔研究実績〕	詳細は③参照	25〜20	詳細は③参照	15
ボーナス②〔地位〕				
ボーナス③			職務に関連する日本の国家資格の保有（1つ5点）	10
ボーナス④	イノベーションを促進するための支援措置（法務大臣が告示で定めるもの）を受けている機関における就労（注3）	10	イノベーションを促進するための支援措置（法務大臣が告示で定めるもの）を受けている機関における就労（注3）	10
ボーナス⑤	試験研究費等比率が3％超の中小企業における就労	5	試験研究費等比率が3％超の中小企業における就労	5
ボーナス⑥	職務に関連する外国の資格等	5	職務に関連する外国の資格等	5
ボーナス⑦	本邦の高等教育機関において学位を取得	10	本邦の高等教育機関において学位を取得	10
ボーナス⑧	日本語能力試験N1取得者（注4）又は外国の大学において日本語を専攻して卒業した者	15	日本語能力試験N1取得者（注4）又は外国の大学において日本語を専攻して卒業した者	15
ボーナス⑨	日本語能力試験N2取得者（注5）（ボーナス⑦又は⑧のポイントを獲得した者を除く。）	10	日本語能力試験N2取得者（注5）（ボーナス⑦又は⑧のポイントを獲得した者を除く。）	10
ボーナス⑩	成長分野における先端的事業に従事する者（法務大臣が認める事業に限る。）	10	成長分野における先端的事業に従事する者（法務大臣が認める事業に限る。）	10
ボーナス⑪	法務大臣が告示で定める大学を卒業した者	10	法務大臣が告示で定める大学を卒業した者	10
ボーナス⑫	法務大臣が告示で定める研修を修了した者（注6）	5	法務大臣が告示で定める研修を修了した者（注6）	5
ボーナス⑬				
	合格点	70	合格点	70

出典：法務省作成リーフレット（http://www.immi-moj.go.jp/newimmiact_3/pdf/h29_06_leaflet.pdf）

高度専門・経営管理	
博士号又は修士号取得者（注7）	20
大学を卒業し又はこれと同等以上の教育を受けた者（博士号又は修士号取得者を除く。）	10
複数の分野において，博士号，修士号又は専門職学位を有している者	5
10年～	25
7年～	20
5年～	15
3年～	10
3000万円～	50
2500万円～	40
2000万円～	30
1500万円～	20
1000万円～	10
代表取締役，代表執行役	10
取締役，執行役	5
イノベーションを促進するための支援措置（法務大臣が告示で定めるもの）を受けている機関における就労（注3）	10
試験研究費等比率が3％超の中小企業における就労	5
職務に関連する外国の資格等	5
本邦の高等教育機関において学位を取得	10
日本語能力試験N1取得者（注4）又は外国の大学において日本語を専攻して卒業した者	15
日本語能力試験N2取得者（注5）（ボーナス⑦又は⑧のポイントを獲得した者を除く。）	10
成長分野における先端的事業に従事する者（法務大臣が認める事業に限る。）	10
法務大臣が告示で定める大学を卒業した者	10
法務大臣が告示で定める研修を修了した者（注6）	5
経営する事業に1億円以上の投資を行っている者	5
合格点	70

①最低年収基準
高度専門・技術分野及び高度経営・管理分野においては，年収300万円以上であることが必要

①最低年収基準				
	～29歳	～34歳	～39歳	40歳～
1000万円	40	40	40	40
900万円	35	35	35	35
800万円	30	30	30	30
700万円	25	25	25	－
600万円	20	20	20	－
500万円	15	15	－	－
400万円	10	－	－	－

③研究実績		高度学術研究分野	高度専門・技術分野
研究実績	特許の発明　1件～	20	15
	入国前に公的機関からグラントを受けた研究に従事した実績3件～	20	15
	研究論文の実績については，我が国の国の機関において利用されている学術論文データベースに登録されている学術雑誌に掲載されている論文（申請人が責任著者であるものに限る。）　3本～	20	15
	上記の項目以外で，上記項目におけるものと同等の研究実績があると申請人がアピールする場合（著名な賞の受賞歴等），関係行政機関の長の意見を聴いた上で法務大臣が個別にポイントの付与の適否を判断	20	15

※高度学術研究分野については，2つ以上に該当する場合には25点

（注1）従事しようとする業務に係る実務経験に限る。
（注2）※1　主たる受入機関から受ける報酬の年額
※2　海外の機関からの転勤の場合には，当該機関から受ける報酬の年額を算入
※3　賞与（ボーナス）も年収に含まれる。（注3）就労する機関が中小企業である場合には，別途10点の加点
（注4）同等以上の能力を試験（例えば，BJTビジネス日本語能力テストにおける480点以上の得点）により認められている者も含む。
（注5）同等以上の能力を試験（例えば，BJTビジネス日本語能力テストにおける400点以上の得点）により認められている者も含む。
（注6）本邦の高等教育機関における研修については，ボーナス⑦のポイントを獲得した者を除く。
（注7）経営管理に関する専門職学位（MBA，MOT）を有している場合には，別途5点の加点

経営・管理

日本において行うことのできる活動

日本において貿易その他の事業の経営を行い又は当該事業の管理に従事する活動を行うことができます。

なお，入管法別表第一の二の表の法律・会計業務の項の下欄に掲げる資格を有しなければ法律上行うことができないこととされている事業の経営又は管理に従事する活動を除きます。

具体例

外国籍の方が日本で新たにビジネスを始める場合や日本で既に営まれている法人にて，海外からプロ経営者を役員として招く場合などが，この活動に該当します。最近では，「スタートアップビザ（特定活動：創業活動）」というのもスタートし，日本としては海外の優秀な方々に，日本でビジネスを始めてもらうような緩和措置も行っております。一般企業においては，優秀な外国籍労働者を「執行役員（部長クラス）」に昇格させる場合にも，検討が必要となる在留資格となります。

注意点

① 事業の『管理』に従事する活動を行う場合には，「事業の経営又は管理についての３年以上の経験（大学院において経営又は管理に係る科目を専攻した機関を含む）」を有し，かつ「日本人が従事する場合における報酬と同等額以上の報酬を受けること」が基準となります。

② 純粋な経営又は管理に当たる活動のほかに，その一環として行う限り，「現業」に従事する活動も含まれます。ただし，主たる活動が現業に従事するものであることは認められません。

③ 事業所の存在や確保に関する要件，事業規模に関する要件などがありますが，必ずしも「出資」が必要なわけではありませんが，１つの事業で複数人が事業の経営又は管理に従事している場合は，それだけの人数の者が必要であること（事業規模や業務量，売上，従業員数など）を立証す

る必要がありますので，申請時には注意が必要です。

研　究

日本において行うことのできる活動

日本の公私の機関との契約に基づいて行う研究を行う業務に従事する活動を行うことができます。

なお，入管法別表１の表の教授の項の下欄に掲げる活動を除きます。

具体例

試験・調査・研究等を目的とする機関で研究者等として外国籍の方を招き入れる場合などがわかりやすい例です。なお，専ら研究も目的とする会社ではなくても，当該機関の活動の目的となっている業務の遂行のための基礎的・創造的な研究をする活動も在留資格「研究」に該当します。例えば，自動車エンジンメーカーにおいて，新型エンジンの研究開発に従事するエンジニアなどです（自動車エンジンメーカーは研究自体が会社の目的ではないため）。

注意点

①　括弧書きの規定により，日本の大学等で研究する場合は，在留資格「教授」となります。その他，業務遂行の実態によっては，「技術・人文知識・国際業務」に該当する場合があります。

②　上陸許可基準により，学歴（修士の学位又は学士等＋3年以上の研究の経験）又は従事しようとする研究分野において10年以上の研究の経験が必要となります（外国の機関からの転勤の場合は例外あり）。

③　日本人が従事する場合に受ける報酬と同等額以上の報酬を受けることが必要です。

技術・人文知識・国際業務

日本において行うことのできる活動

日本の公私の機関との契約に基づいて行う理学，工学その他の**自然科学の分野**若しくは法律学，経済学，社会学その他の**人文科学の分野**に属する技術若しくは知識を要する業務又は**外国の文化に基盤を有する思考若しくは感受性を必要とする業務**に従事する活動を行うことができます。

なお，入管法別表１の表の教授の項，芸術の項及び報道の項の下欄に掲げる活動並びに２の表の経営・管理の項から教育の項まで，企業内転勤の項及び興行の項の下欄に掲げる活動を除きます。

具体例

就労系在留資格の代表格であり，最も一般的な在留資格になります。企業等で働くエンジニアやプログラマ，営業・マーケティング職や通訳・翻訳人材など，その具体例は多岐に渡ります。外国籍労働者を雇用する場合に，とりあえず最初に検討すべき在留資格といえるでしょう。ただし，「単純労働」とされる職務には従事できないため，最も「不法就労」が発生しやすい在留資格であり，申請には十分に気をつけ，可能な限り，専門家へ事前に相談されることを推奨します。

注意点

① 「自然科学」の代表的なものは，数理科学，物理化学，生物化学，地理学，統計学，電子工学，土木工学，建築学，応用化学，原子力工学，農学，林学，水産学，獣医学，畜産学，病理科学などが挙げられます。一方，「人文科学」の代表的なものは，語学，教育学，社会学，国際関係法学，経済政策，財政学・金融論，商学，経営学，会計学，などが挙げられます。

② 上陸基準省令の適用があり，以下の３つのいずれにも該当する必要があります。

(1) 申請人が自然科学又は人文科学の分野に属する技術又は知識を必要

とする業務に従事しようとする場合は，従事しようとする業務について，次のいずれかに該当し，これに必要な技術又は知識を修得していること。ただし，申請人が情報処理に関する技術又は知識を要する業務に従事しようとする場合で，法務大臣が告示をもって定める情報処理技術に関する試験に合格し又は法務大臣が告示をもって定める情報処理技術に関する資格を有しているときは，この限りではありません（巻末資料 3）。

イ　当該技術若しくは知識に関連する科目を専攻して大学を卒業し，又はこれと同等以上の教育を受けたこと。

ロ　当該技術又は知識に関連する科目を専攻して日本の専修学校の専門課程を修了（当該修了に関し法務大臣が告示をもって定める要件に該当する場合に限る）したこと。

ハ　10 年以上の実務経験（大学，高等専門学校，高等学校，中等教育学校の後期課程又は専修学校の専門課程において当該技術又は知識に関連する科目を専攻した期間を含む）を有すること。

⑵　申請人が外国の文化に基盤を有する思考又は感受性を必要とする業務に従事しようとする場合は，次のいずれにも該当していること。

イ　翻訳，通訳，語学の指導，広報，宣伝又は海外取引業務，服飾若しくは室内装飾に係るデザイン，商品開発その他これらに類似する業務に従事すること。

ロ　従事しようとする業務に関連する業務について 3 年以上の実務経験を有すること。ただし，大学を卒業した者が翻訳，通訳又は語学の指導に係る業務に従事する場合は，この限りでない。

⑶　日本人が従事する場合に受ける報酬と同等額以上の報酬を受けること。

介　護

❯ 日本において行うことのできる活動

日本の公私の機関との契約に基づいて**介護福祉士の資格を有する者**が介護

Column 03　2国間の経済連携協定(EPA)に基づく介護福祉士候補者について(特定活動)

「出入国管理及び難民認定法第 7 条第 1 項第 2 号の規定に基づき同法別表第一の五の表の下欄に掲げる活動を定める件（平成 2 年 5 月 24 日法務省告示第 131 号）」（最近改正：令和元年 6 月 17 日法務省告示第 40 号），いわゆる「特定活動告示（※17 号・21 号・28 号（就労コース），22 号・29 号（就学コース））」において，2 国間の経済連携協定（EPA）が締結されているインドネシア・フィリピン・ベトナムの 3 か国においては，「介護福祉士候補者」として介護業務に従事することが可能です。この場合は，在留資格は「介護」ではなく，在留資格「特定活動」となります。

経済連携協定に基づく受入れの枠組

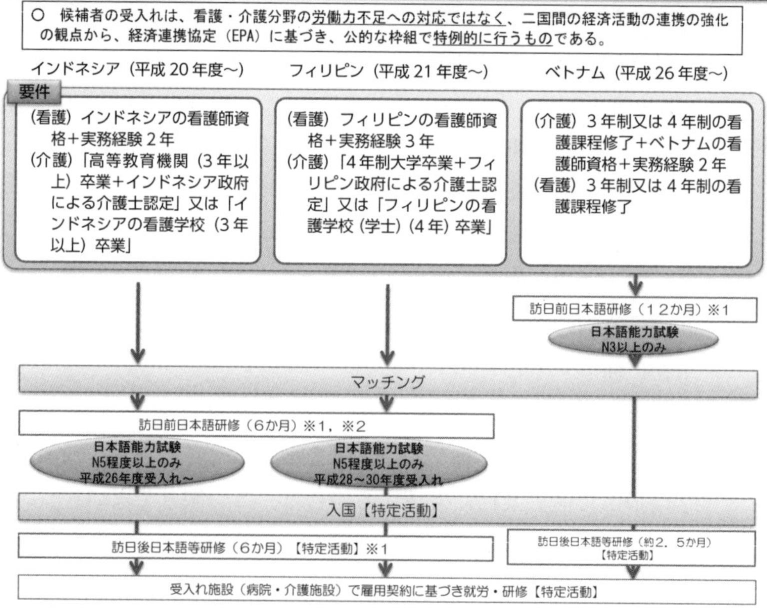

注　【　】内は在留資格を示す。
注　日本語能力試験 N2 以上の候補者は※ 1 の日本語研修を免除。
　また、一定期間内に日本語能力試験 N3 若しくは N4 を取得した候補者は※ 2 の日本語研修を免除。
注　フィリピン及びベトナムにおいては上記の他に就学コースがある（フィリピンは平成 23 年度より、ベトナムは入国当初より受入れ実績なし）。

出典：経済連携協定（EPA）に基づく外国人看護師・介護福祉士候補者の受入れ概要（資料から抜粋）

又は介護の指導を行う業務に従事する活動を行うことができます。

❯ 具体例

介護福祉士の資格を有する者が，日本の病院，介護施設等で入浴，食事の介助等の介護業務全般を行う活動が該当し，ケアプランの作成等も含まれます（介護福祉士の資格を持つケアマネージャー等）。

❯ 注意点

① 平成28年入管法改正によって新設された比較的新しい在留資格です。

② 在留資格「介護」においては，活動場所は必ずしも介護施設等に限定されるものではなく，（後述する「特定技能」の場合とは異なり）訪問介護も可能であり，介護対象者の範囲も老人介護に限られませんが，要介護者本人やその家族との個人間の契約に基づいて行われる場合は含まれません。

③ 日本の介護福祉士養成施設を卒業し，介護福祉士国家試験に合格して介護福祉士の登録をすること（いわゆる養成施設ルート）が要件となっているため，日本において所定の介護の実務経験を積んで介護福祉士国家試験の受験資格を得た場合（いわゆる実務経験ルート）の場合は対象になりません（ただし，平成29年3月31日以前に日本の介護福祉士養成施設を卒業した者は，対象とされます（入管法一部改正省令（平成29年法務省令第19号）附則第6条））。

④ 上陸許可基準省令の適用があるため，「日本人が従事する場合に受ける報酬と同等額以上の報酬を受けること」が必要です。

⑤ 後述する新しい在留資格「特定技能1号（介護）」とは異なり，累計5年間という期限の上限は定められていませんので，長期的な就労が可能となっています。

技　能

❯ 日本において行うことのできる活動

日本の公私の機関との契約に基づいて行う産業上の特殊な分野に属する熟練した技能を要する業務に従事する活動を行うことができます。

❯ 具体例及び注意点

上陸基準省令において，以下の９分野（第１号〜第９号）が規定されています。❶調理師が圧倒的に多いため，外食産業の方で，外国料理店で外国籍のコックさんを雇いたい場合はまず初めに検討するとよいでしょう。その他については許可件数もかなり少ないため，参考程度に記載します。

❶　調理師（上陸基準省令第１号）

中国料理，フランス料理，インド料理などの「調理師」や「点心(師)」，パンやデザート等の食品を製造する調理師やパティシエ等が該当します。当該技能について10年以上（日タイEPAにより，タイ人調理師については５年以上に短縮）の実務経験（外国の教育機関において当該料理の調理や食品の製造に係る科目を専攻して教育を受けた期間を含めることが可能。以下同様）が必要です。

❷　建築技術者（上陸基準省令第２号）

外国に特有の建築又は土木に係る技能（例としてゴシック，ロマネスク，バロック方式又は中国式，韓国式などの建築・土木に関する技能で，日本にはない建築・土木に関する）を用いる建築技術者が該当します。当該技能に関する10年以上の実務経験（外国の教育機関において当該建築又は土木に係る科目を専攻して教育を受けた期間を含めることが可能）が必要です。なお，外国人技能者が従事する分野としては，スーパーバイザー，フレーマー，ドライウォーラー，フィニッシュ・カーペンターのいずれかに属するものであって，日本人技能者でも作業が容易であるような工程に携わるものではないことが必要です（当該技能を活かしていない単純労働などには従事することができない）。

❸　外国特有製品の製造・修理（上陸基準省令第３号）

ヨーロッパ特有のガラス製品，ペルシアじゅうたん等，日本にはない製品の製造又は修理に係る技能を要する業務に従事する活動が該当します。当該技能に関する10年以上の実務経験が必要です。

❹　宝石・貴金属・毛皮加工（上陸基準省令第４号）

宝石，貴金属又は毛皮の加工に係る技能を要する業務に従事する活動が該当します。なお，宝石及び毛皮については，宝石や毛皮を用いて製品を作る過程のみならず，原石や動物から宝石や毛皮を作る過程を含みます。当該技能に関する10年以上の実務経験が必要です。

❺　動物の調教（上陸基準省令第５号）

競走馬の調教師や，動物園などで働く調教師等が該当します。当該技能に関する10年以上の実務経験が必要です。なお，「興行」として行われるサーカスの動物飼育係員やイルカショーのドルフィントレーナーは，在留資格「興行」に該当します。

❻　石油・地熱等掘削調査（上陸基準省令第６号）

石油調査のための海底掘削，地熱開発のための掘削又は海底鉱物探査のための海底地質調査に係る技能を要する業務に従事する活動が該当します。当該技能に関する10年以上の実務経験が必要です。

❼　航空機操縦士（上陸基準省令第７号）

航空法（昭和27年法律第231号）第２条第17項に規定する航空運送事業（他人の需要に応じ航空機を使用して有償で旅客又は貨物を運送する事業をいう）の用に供する航空機に乗り組んで操縦者（機長又は副操縦士）としての業務に従事する活動が該当します。航空機の操縦に係る技能について250時間以上の飛行経歴が必要です。なお，「航空機関士」としての業務は「技術・人文知識・国際業務」の在留資格に該当します。

❽　スポーツ指導者（上陸基準省令第８号）

具体例として，テニスやスケート，ブラジリアン柔術，ムエタイ等の外国人指導者などが該当します。スポーツの指導に係る技能について３年以上の実務経験（又は国際スキー教師）を有し，当該技能を要する業務に従事する活動又はスポーツの選手としてオリンピック大会や世界選手権大会などの国際的な競技会に出場した経験がある者で，当該スポーツの指導に係る技能を要する業務に従事する活動である必要があります。なお，野球やサッカーなどチームで必要とするプロスポーツの監督，コーチ等でチームと一体として出場しプロスポーツの選手に随伴して入国し在留する活動については，「興行」の在留資格に該当しますので，注意が必要です。

なお，指導者ではなく，「選手」としての活動を行う場合については，「特定活動」が該当します（オリンピック大会，世界選手権大会その他の国際的な競技会に出場したことがある者で日本のアマチュアスポーツの振興及び水準の向上等のために月額25万円以上の報酬を受けることとして日本の公私の機関に雇用されたものが，その機関のために行うアマチュアスポーツの選手としての活動）。

❾　ワイン鑑定等（上陸基準省令第９号）

具体例として，フレンチレストランで働くワインソムリエが該当します。ぶどう酒の品質の鑑定，評価及び保持並びにぶどう酒の提供（ワイン鑑定等）に係る技能について５年以上の実務経験を有し，当該技能を要する業務に従事する活動が該当します。なお，ワイン鑑定等に係る技能に関する国際的な規模で開催される競技会（国際ソムリエコンクール）において優秀な成績を収めたことがある者等，厳しい要件があります。

特定技能

在留資格「特定技能」は，2019年４月からスタートした新しい在留資格です。特定技能の在留資格に係る制度（以下「特定技能制度」という）は，中小・小規模事業者をはじめとした深刻化する人手不足に対応するため，生産性向上や国内人材の確保のための取組みを行ってもなお人材を確保することが困難な状況にある産業上の分野において，一定の専門性・技能を有し即戦力となる外国人を受け入れるために創設されました。本書執筆段階では特定される14個の産業分野に限られているため，これらに該当しない業種の事業者（特定技能所属機関）では，そもそも在留資格「特定技能」で雇入れを行う余地がありません。そのため，前述で説明してきた就労系在留資格とは性

図5 新しい在留資格「特定技能」に関する制度説明資料（抜粋）

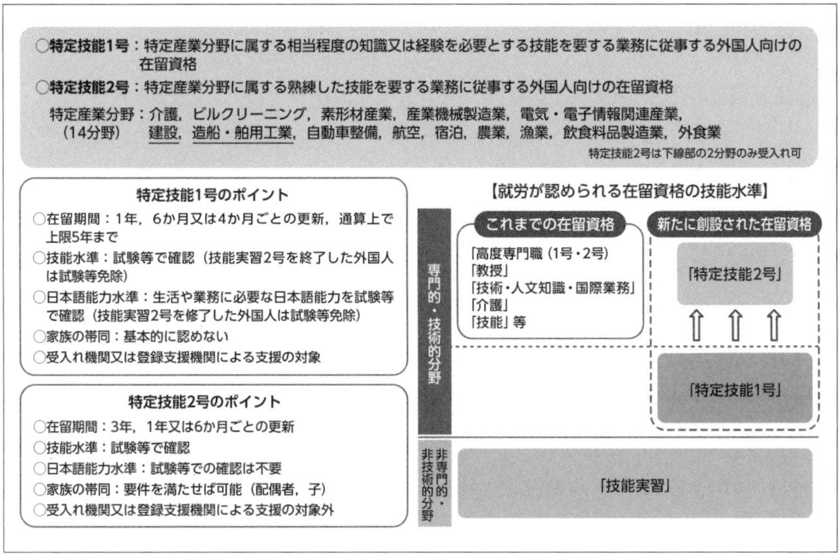

出典：出入国在留管理庁「新たな外国人材の受入れ及び共生社会実現に向けた取組」
http://www.moj.go.jp/content/001293198.pdf

質をやや異にし，特殊な位置付けとなっており，その制度はかなり複雑になっています。以下に，その概要を説明しますが，当該在留資格を用いて外国籍労働者の雇用を検討する場合は，必ず当該在留資格申請実績のある申請取次行政書士又は申請取次弁護士に相談することを推奨します。

分野省令（出入国管理及び難民認定法別表第一の二の表の特定技能の項の下欄に規定する産業上の分野等を定める省令）で定める14分野（本書執筆2020年3月1日現在）は，以下のとおりです。

なお，図5に記載のとおり，あくまで「専門的・技術的分野」においての就労の主であるため，「非専門的・技術的分野」を主とした就労では許可されず，また不法就労となります（付随的に行うことは可能とされています）。

【14個の産業分野について】

①介護分野　②ビルクリーニング分野　③素形材産業分野
④産業機械製造業分野　⑤電気・電子情報関係産業分野　⑥建設分野
⑦造船・舶用工業分野　⑧自動車整備分野　⑨航空分野　⑩宿泊分野
⑪農業分野　⑫漁業分野　⑬飲食料品製造業分野　⑭外食業分野

なお，事業者がこれらに該当するか否かは，「日本標準産業分類」[5]を用いて原則的に判断を行い，『特定技能の在留資格に係る制度の運用に関する方針に係る運用要領』[6]にて限定されている分野があります。例えば，③産業機械製造業分野の対象は，以下の日本標準産業分類に該当する事業者とされています。すなわち自動車部品の製造業（輸送用機械器具製造業）を行う事業者では，在留資格「特定技能」を用いて外国籍労働者を雇用することができないこととなり，注意が必要です（該当するか否かについては，分野別運用要領にて具体的に定められている場合や，事前に所轄官庁へ確認を要するものなどがあります）。

【例：産業機械製造業分野で認められる業務】

以下のいずれかに該当する事業者が行う業務
2422 機械刃物製造業
248 ボルト・ナット・リベット・小ねじ・木ねじ等製造業
25 はん用機械器具製造業（ただし，2591 消火器具・消火装置製造業及び素形材産業分野に掲げられた対象業種を除く）
26 生産用機械器具製造業（ただし，素形材産業分野に掲げられた対象業種を

5 「事業所」を経済活動別に分類するためのもので，統計を取り扱う「総務省」が策定しています。1つの事業所において複数の経済活動を行っている場合は，主要な活動（例えば，利益や売上高などの最も大きいもの）によって決定するとされています。
6 http://www.moj.go.jp/content/.pdf

除く）

27 業務用機械器具製造業（ただし，以下に掲げられた業種に限る）

270 管理，補助的経済活動を行う事業所（27 業務用機械器具製造業）

271 事務用機械器具製造業

272 サービス用・娯楽用機械器具製造業

273 計量器・測定器・分析機器・試験機・測量機械器具・理化学機械器具製造業

275 光学機械器具・レンズ製造業

上記のとおり 14 分野に該当することに加え，「特定技能雇用契約及び一号特定技能外国人支援計画の基準等を定める省令」により，以下の (1)～(5) に記載する基準を満たす必要があります。これらを全て書類で立証していかなくてはならないため，1 号特定技能所属機関（雇い入れる事業者）が自ら行うことが事務的に煩雑であることなどもあり，制度の活用は政府の想定よりもかなり鈍い状況です。

【(1) 受入機関が外国人と結ぶ雇用契約が満たすべき基準】

① 分野省令で定める技能を要する業務に従事させるものであること

② 所定労働時間が，同じ受入機関に雇用される通常の労働者の所定労働時間と同等であること

③ 報酬額について，日本人が従事する場合の額と同等以上であること

④ 外国人であることを理由として，報酬の決定，教育訓練の実施，福利厚生施設の利用その他の待遇について，差別的な取扱いをしていないこと

⑤ 一時帰国を希望した場合，休暇を取得させるものとしていること

⑥ 労働者派遣の対象とする場合は，派遣先や派遣期間が定められていること

⑦ 外国人が帰国旅費を負担できないときは，受入機関が負担するとともに契約終了後の出国が円滑になされるよう必要な措置を講ずることとしていること

⑧ 受入機関が外国人の健康の状況その他の生活の状況を把握するために必要な措置を講ずることとしていること

⑨　分野に特有の基準に適合すること

【(2) 受入機関（雇用する会社）自体が満たすべき基準】

①　労働，社会保険及び租税に関する法令を遵守していること
②　１年以内に特定技能外国人と同種の業務に従事する労働者を非自発的に離職させていないこと
③　１年以内に受入機関の責めに帰すべき事由により行方不明者を発生させていないこと
④　欠格事由（５年以内に出入国・労働法令違反がないこと等）に該当しないこと
⑤　特定技能外国人の活動内容に係る文書を作成し，雇用契約終了日から１年以上備えて置くこと
⑥　外国人等が保証金の徴収等をされていることを受入機関が認識して雇用契約を締結していないこと
⑦　受入機関が違約金を定める契約等を締結していないこと
⑧　支援に要する費用を，直接又は間接に外国人に負担させないこと
⑨　労働者派遣の場合は，派遣元が当該分野に係る業務を行っている者などで，適当と認められる者であるほか，派遣先が①〜④の基準に適合すること
⑩　労災保険関係の成立の届出等の措置を講じていること
⑪　雇用契約を継続して履行する体制が適切に整備されていること
⑫　報酬を預貯金口座への振込等により支払うこと
⑬　分野に特有の基準に適合すること

【(3) 受入機関自体が満たすべき基準（支援体制関係)】

※登録支援機関（p.135～参照）に支援を全部委託する場合には満たすものとみなされる

① 以下のいずれかに該当すること

ア 過去2年間に中長期在留者（就労資格のみ。以下同じ）の受入れ又は管理を適正に行った実績があり，かつ，役職員のなかから，支援責任者及び支援担当者（事業所ごとに1名以上。以下同じ）を選任していること（支援責任者と支援担当者は兼任可。以下同じ）

イ 役職員で過去2年間に中長期在留者の生活相談等に従事した経験を有するもののなかから，支援責任者及び支援担当者を選任していること

ウ ア又はイと同程度に支援業務を適正に実施することができる者で，役職員のなかから，支援責任者及び支援担当者を選任していること

② 外国人が十分理解できる言語で支援を実施することができる体制を有していること

③ 支援状況に係る文書を作成し，雇用契約終了日から1年以上備えて置くこと

④ 支援責任者及び支援担当者が，支援計画の中立な実施を行うことができ，かつ，欠格事由に該当しないこと

⑤ 5年以内に支援計画に基づく支援を怠ったことがないこと

⑥ 支援責任者又は支援担当者が，外国人及びその監督をする立場にある者と定期的な面談を実施することができる体制を有していること

⑦ 分野に特有の基準に適合すること

【(4) 1号特定技能外国人支援計画が満たすべき基準】

① 支援計画にア～オを記載すること

ア 支援の内容

・ 日本入国前に，日本で留意すべき事項に関する情報の提供を実施するこ

と

・　出入国しようとする飛行場等において外国人の送迎をすること

・　賃貸借契約の保証人となることその他の適切な住居の確保に係る支援，預貯金口座の開設及び携帯電話の利用に関する契約その他の生活に必要な契約に係る支援をすること

・　日本入国後に，日本での生活一般に関する事項等に関する情報の提供を実施すること

・　外国人が届出等の手続きを履行するにあたり，同行等をすること

・　生活に必要な日本語を学習する機会を提供すること

・　相談・苦情対応，助言，指導等を講じること

・　外国人と日本人との交流の促進に係る支援をすること

・　外国人の責めに帰すべき事由によらないで雇用契約を解除される場合において，新しい就職先で活動を行うことができるようにするための支援をすること

・　支援責任者又は支援担当者が外国人及びその監督をする立場にある者と定期的な面談を実施し，労働関係法令違反等の問題の発生を知ったときは，その旨を関係行政機関に通報すること

イ　登録支援機関に支援を全部委託する場合は，委託契約の内容等

ウ　登録支援機関以外に委託する場合は，委託先や委託契約の内容

エ　支援責任者及び支援担当者の氏名及び役職名

オ　分野に特有の事項

②　支援計画は，日本語及び外国人が十分理解できる言語により作成し，外国人にその写しを交付しなければならないこと

③　支援の内容が，外国人の適正な在留に資するものであって，かつ，受入機関等において適切に実施することができるものであること

④　日本入国前の情報の提供の実施は，対面又はテレビ電話装置等により実施されること

⑤　情報の提供の実施，相談・苦情対応等の支援が，外国人が十分理解できる言語で実施されること

⑥　支援の一部を他者に委託する場合にあっては，委託の範囲が明示されている

こと

⑦　分野に特有の基準に適合すること

【(5) 特定技能外国人本人に関する基準】

■　特定技能１号，特定技能２号に共通の基準

①　18 歳以上であること

②　健康状態が良好であること

③　退去強制の円滑な執行に協力する外国政府が発行した旅券を所持していること

④　保証金の徴収等をされていないこと

⑤　外国の機関に費用を支払っている場合は，額・内訳を十分に理解して機関との間で合意していること

⑥　送り出し国で遵守すべき手続きが定められている場合は，その手続きを経ていること

⑦　食費，居住費等外国人が定期に負担する費用について，その対価として供与される利益の内容を十分に理解したうえで合意しており，かつ，その費用の額が実費相当額その他の適正な額であり，明細書その他の書面が提示されること

⑧　分野に特有の基準に適合すること

■　特定技能１号のみの基準

①　必要な技能及び日本語能力を有していることが，試験その他の評価方法により証明されていること（ただし，技能実習２号を良好に修了している者であり，かつ，技能実習において修得した技能が，従事しようとする業務において要する技能と関連性が認められる場合は，これに該当する必要がない）

②　特定技能１号での在留期間が通算して５年に達していないこと

■　特定技能２号のみの基準

①　必要な技能を有していることが，試験その他の評価方法により証明されて

いること

② 技能実習生の場合は，技能の本国への移転に努めるものと認められること

当該「特定技能」制度は最も難しいため，不法就労リスクを抑えるためにも，経験のある専門家へ相談されることが必要不可欠になるでしょう。

特定活動（日本の大学卒業者）

「特定活動」とは，法務省告示「出入国管理及び難民認定法第７条第１項第２号の規定に基づき同法別表第一の五の表の下欄に掲げる活動を定める件」を根拠として与えられる在留資格です。例として，外交官等の家事使用人，アマチュアスポーツ選手及びその家族，インターンシップ，特定研究活動，特定情報処理活動，大学卒業後の留学生の就職活動などが定められていますが，改正（令和元年６月17日法務省告示第40号）により，日本の大学又は大学院を卒業・修了した留学生（本邦大学卒業者）の就職支援を目的として，「本邦大学卒業者及びその家族等」が新たに認められることになりました。

本件は，「留学生の就職支援に係る「特定活動」（本邦大学卒業者）についてのガイドライン（出入国在留管理庁令和元年５月策定）」が公表されており，その一部を以下に抜粋して説明致します。

1　本制度の概要

本制度は，本邦大学卒業者が本邦の公私の機関において，本邦の大学等において修得した広い知識，応用的能力等のほか，留学生としての経験を通じて得た高い日本語能力を活用することを要件として，幅広い業務に従事する活動を認めるものです。「技術・人文知識・国際業務」の在留資格においては，一般的なサービス業務や製造業務等が主たる活動となるものは認められませんが，本制度においては，上記諸要件が満たされれば，これらの活動も可能です。ただし，法律上資格を有する方が行うこととされている業務（業務独占資格が必要なもの）及び風俗関係業

務に従事することは認められません。

2　対象者

本邦の大学を卒業又は大学院の課程を修了し，学位を授与された方で，高い日本語能力を有する方が対象となります。

(1)　学歴について

日本の４年制大学の卒業及び大学院の修了に限られます。短期大学及び専修学校の卒業並びに外国の大学の卒業及び大学院の修了は対象になりません。

(2)　日本語能力について

ア　日本語能力試験 N1 又は BJT ビジネス日本語能力テストで 480 点以上を有する方が対象です。

イ　その他，大学又は大学院において「日本語」を専攻して大学を卒業した方については，アを満たすものとして取り扱います。なお，外国の大学・大学院において日本語を専攻した方についてもアを満たすものとして取り扱いますが，この場合であっても併せて日本の大学・大学院を卒業・修了している必要があります。

3　「日本語を用いた円滑な意思疎通を要する業務」について

「日本語を用いた円滑な意思疎通を要する業務」とは，単に雇用主等からの作業指示を理解し，自らの作業を行うだけの受動的な業務では足りず，いわゆる「翻訳・通訳」の要素のある業務や，自ら第三者へ働きかける際に必要となる日本語能力が求められ，他者との双方向のコミュニケーションを要する業務であることを意味します。

4　「本邦の大学又は大学院において修得した広い知識及び応用的能力等を活用するものと認められること」について

従事しようとする業務内容に「技術・人文知識・国際業務」の在留資格の対象となる学術上の素養等を背景とする一定水準以上の業務が含まれていること，又は，今後当該業務に従事することが見込まれることを意味します。

5　具体的な活動例

本制度によって活動が認められ得る具体的な例は以下のとおりです。

ア　飲食店に採用され，店舗において外国人客に対する通訳を兼ねた接客業務を行うもの（それに併せて，日本人に対する接客を行うことを含む。）。

※　厨房での皿洗いや清掃にのみ従事することは認められません。

イ　工場のラインにおいて，日本人従業員から受けた作業指示を技能実習生や他の外国人従業員に対し外国語で伝達・指導しつつ，自らもラインに入って業務を行うもの。

※　ラインで指示された作業にのみ従事することは認められません。

ウ　小売店において，仕入れや商品企画等と併せ，通訳を兼ねた外国人客に対する接客販売業務を行うもの（それに併せて，日本人に対する接客販売業務を行うことを含む。）。

※　商品の陳列や店舗の清掃にのみ従事することは認められません。

エ　ホテルや旅館において，翻訳業務を兼ねた外国語によるホームページの開設，更新作業を行うものや，外国人客への通訳（案内），他の外国人従業員への指導を兼ねたベルスタッフやドアマンとして接客を行うもの（それに併せて，日本人に対する接客を行うことを含む。）。

※　客室の清掃にのみ従事することは認められません。

オ　タクシー会社に採用され，観光客（集客）のための企画・立案を行いつつ，自ら通訳を兼ねた観光案内を行うタクシードライバーとして活動するもの（それに併せて，通常のタクシードライバーとして乗務することを含む。）。

※　車両の整備や清掃のみに従事することは認められません。

カ　介護施設において，外国人従業員や技能実習生への指導を行いながら，外国人利用者を含む利用者との間の意思疎通を図り，介護業務に従事するもの。

※　施設内の清掃や衣服の洗濯のみに従事することは認められません。

上記のとおり，「技術・人文知識・国際業務」などでは認められなかった活動についても従事することが認められることから，採用する日本企業にとっては，最も重宝する外国籍人材であることは間違いないでしょう。昨今では，日本の大学を卒業見込みの留学生に特化した就職イベントなども多数開催されており，大手企業が高給で内定を出すなど，人材獲得競争が既に始まっています。採用にコストを多く費やすことが難しい中小零細企業においては，留学生（しかも日本語能力が著しく高い）の雇用は高いハードルですが，このような在留資格が認められることを外国籍労働者の採用に係る人事担当者が知っておくだけでも，他社との人材採用競争において差別化でき，優位となるでしょう。

さて，代表的な「就労系在留資格」の説明は以上となります。次からは，就労制限がなく，企業にとっては雇用しやすいといえる「身分系在留資格」について説明します。

2　身分系在留資格

以下に記載する４つの「身分系在留資格」については，前述の「就労系」の在留資格とは異なり，就労できる業務内容に制限はありません。そのため，外国籍労働者の雇用（就労）をテーマとする本書では，在留資格の内容を簡単に紹介するのみとします。なお，日本企業にとっては，職務内容を限定せずに雇用が可能であり，配置転換等も在留資格の該当性を気にせずに行うことができる（各労働法制や裁判例・判例については日本人と同等に適用）ため，不法就労リスクが少なく，「雇用しやすい外国人材」といえるでしょう。

(1)「永住者」

その名のとおり，日本で「永住」することができる在留資格です。在留活動及び在留期限の双方に制限がないため，審査は厳しいですが，法務省出入国在留管理庁の報道発表資料（2019年10月25日）によりますと，2019年6月末時点で，「783,513人」の永住者が在留しています。在留資格「永住」を取得するための要件は以下のとおりです。

1　法律上の要件

(1) 素行が善良であること

法律を遵守し日常生活においても住民として社会的に非難されることのない生活を営んでいること。

(2) 独立の生計を営むに足りる資産又は技能を有すること

日常生活において公共の負担にならず，その有する資産又は技能等から見て将来において安定した生活が見込まれること。

(3) その者の永住が日本国の利益に合すると認められること

ア　原則として引き続き10年以上本邦に在留していること。ただし，この期間のうち，就労資格（在留資格「技能実習」及び「特定技能1号」を除く。）又は居住資格をもって引き続き5年以上在留していることを要する。

イ　罰金刑や懲役刑などを受けていないこと。公的義務（納税，公的年金及び公的医療保険の保険料の納付並びに出入国管理及び難民認定法に定める届出等の義務）を適正に履行していること。

ウ　現に有している在留資格について，出入国管理及び難民認定法施行規則別表第2に規定されている最長の在留期間をもって在留していること。

エ　公衆衛生上の観点から有害となるおそれがないこと。

※　ただし，日本人，永住者又は特別永住者の配偶者又は子である場合には，(1) 及び (2) に適合することを要しない。また，難民の認定を受けている者の場合には，(2) に適合することを要しない。

出典：法務省ホームページ「永住許可に関するガイドライン（令和元年5月31日改定）」(http://www.moj.go.jp/nyuukokukanri/kouhou/nyukan_nyukan50.html)

上記（3）アに定める「原則10年在留」に関しては，以下の「特例」が定められています。

2　原則10年在留に関する特例

（1）日本人，永住者及び特別永住者の配偶者の場合，実体を伴った婚姻生活が3年以上継続し，かつ，引き続き1年以上本邦に在留していること。その実子等の場合は1年以上本邦に継続して在留していること

（2）「定住者」の在留資格で5年以上継続して本邦に在留していること

（3）難民の認定を受けた者の場合，認定後5年以上継続して本邦に在留していること

（4）外交，社会，経済，文化等の分野において我が国への貢献があると認められる者で，5年以上本邦に在留していること

※「我が国への貢献」に関するガイドラインを参照してください。

（5）地域再生法（平成17年法律第24号）第5条第16項に基づき認定された地域再生計画において明示された同計画の区域内に所在する公私の機関において，出入国管理及び難民認定法第7条第1項第2号の規定に基づき同法別表第1の5の表の下欄に掲げる活動を定める件（平成2年法務省告示第131号）第36号又は第37号のいずれかに該当する活動を行い，当該活動によって我が国への貢献があると認められる者の場合，3年以上継続して本邦に在留していること

（6）出入国管理及び難民認定法別表第1の2の表の高度専門職の項の下欄の基準を定める省令（以下「高度専門職省令」という。）に規定するポイント計算を行った場合に70点以上を有している者であって，次のいずれかに該当するもの

ア　「高度人材外国人」として3年以上継続して本邦に在留していること。

イ　3年以上継続して本邦に在留している者で，永住許可申請日か

ら3年前の時点を基準として高度専門職省令に規定するポイント計算を行った場合に70点以上の点数を有していたことが認められること。

(7) 高度専門職省令に規定するポイント計算を行った場合に80点以上を有している者であって，次のいずれかに該当するもの

ア 「高度人材外国人」として1年以上継続して本邦に在留していること。

イ 1年以上継続して本邦に在留している者で，永住許可申請日から1年前の時点を基準として高度専門職省令に規定するポイント計算を行った場合に80点以上の点数を有していたことが認められること。

(注1) 本ガイドラインについては，当面，在留期間「3年」を有する場合は，前記1 (3) ウの「最長の在留期間をもって在留している」ものとして取り扱うこととする。

(注2) 前記2 (6) アの「高度人材外国人」とは，ポイント計算の結果70点以上の点数を有すると認められて在留している者が該当し，前記2 (7) アの「高度人材外国人」とは，ポイント計算の結果80点以上の点数を有すると認められて在留している者が該当する。

出典：法務省ホームページ「永住許可に関するガイドライン（令和元年5月31日改定）」
http://www.moj.go.jp/nyuukokukanri/kouhou/nyukan_nyukan50.html

なお，在留資格「永住」へ変更する許可申請を提出し，永住が認められる（許可される）までに，申請の受理から1年前後かかるケースもあるため，永住を希望する方は早めの準備を心がけるとよいでしょう。なお，永住者であっても「在留カード」は発行され，「在留カードの有効期限」はあるため，更新を忘れないように注意が必要です。

⑵「日本人の配偶者等」

2つめの身分系在留資格は，「日本人の配偶者等」です。その名称のとおり，日本の国籍を持つ者（=日本人）の配偶者等に与えられる在留資格です。

具体的な「配偶者」とは，法律上の配偶者（事実婚は非該当）であり，同居し，互いに協力し，扶助しあって社会通念上の夫婦の共同生活を営むという「実態が伴っている」配偶者に在留資格該当性が認められます。また，「等」の部分として，「日本人の子として出生した者（実子をいい，嫡出子か否かは問わない）」と「法律上の特別養子」の身分を有している者が含まれます。普通養子は含まれませんので，注意が必要です。なお，外国で出生していても，日本人の子として出生していれば，在留資格該当性が認められます（日本国籍の母とアメリカ国籍の父との間で，海外で産まれた子など）。

⑶「永住者の配偶者等」

３つめの身分系在留資格は「永住者の配偶者等」です。「永住者」には，「特別永住者」が含まれます。具体的な「配偶者」は上記（2）と同様ですが，子については上記（2）と異なり，「日本で出生していること」が必要とされています。

⑷「定住者」

４つめの身分系在留資格は「定住者」です。法務省が公表する「定住者告示」（巻末資料４）をもって定められた活動（「告示定住」）と，定住者告示に定めのない「告示外定住」の２つに分類されます。イメージとしては，いわゆる「日系外国人」と捉えれば理解しやすいと思われます（定住者告示３号・４号）。外国籍労働者を雇用する立場の方は，「在留カード」を確認し，「定住者」との記載があれば，「身分系在留資格だから就労制限がないんだな」と捉えれば概ね問題ないでしょう。しかし「定住者」となっていても，具体的にどの項目に該当しているかは在留カードには記載されません。定住者のなかには，特定の在留資格を持つ方の「配偶者」という立場を前提にしている場合があるため，離婚したら「定住者」の在留資格を失ってしまうケースもあります。その場合は（他の要件を満たすことが前提ですが），「定住者」から「技術・人文知識・国際業務」等の他の在留資格への変更許可申請が必要なケースもあります。外国籍労働者の雇用責任者としては，「定住者」の具体的な該当刻目についても確認しておくとよいでしょう。どのような類型があるか（告示定住）は，【巻末資料 4】を参照してください。

Column 04　「特別永住者」とは

「特別永住者」とは，「日本国との平和条約に基づき日本の国籍を離脱した者等の出入国管理に関する特例法（平成 3 年法律第 71 号）」という入管法の特例を定めた法律に，法的な根拠があります（同法第 3 条～第 5 条）。令和元年 6 月末時点で 31 万 7,849 人の特別永住者が日本に在留しており，約 90% が「韓国籍」となっています（参考：令和元年 10 月 25 日報道発表／法務省入国管理局令和元年 6 月末現在における在留外国人数について（速報値）公表資料）。

一般社会的には，「在日韓国人（・在日朝鮮人）」と呼ばれることがあるようですが，他の在留資格であっても韓国籍の方であれば，広くこれらの言葉の意味に該当することや，悪意のある人からは差別的な意を含む場合があるため，現在では，特に外国人雇用の場面やビジネスの場面においては，これらの表現は正確ではなく，かつ用いるのは好ましくありません。

なお，平成 24（2012）年 7 月 9 日（月）から特別永住者制度が大きく変わり，従来の「外国人登録法」が廃止され，外国人登録証明書も廃止され，新しく「特別永住者証明書」が整備されています。住民基本台帳法も並行して改正されたため，日本人と同様に「住民票」も発行され，後述する「帰化（日本国籍の取得）」の要件も緩和されています。帰化する前は，あくまで日本国籍を保有していないために日本の「戸籍」はありませんが，就労制限もなく，なんら日本人と変わらない（60 歳未満で働く世代のほとんどが日本で生まれ育った世代（2 世，3 世）であるため，日本語での義務教育を受けている方も多い）ため，「外国籍労働者の雇用」がテーマである本書においても特段の説明が不要ではないかと考えたくらいです。

しかし 1 点だけ注意すべき事項があります。それは，もしも「2 年」を超えて海外転勤させる場合は，「再入国許可の申請」が出国前に必要となる点です。万が一，再入国許可申請をしておらず，出国の日から 2 年を経過した後に入国しようとするときは，**特別永住者として入国することはできず**，査証（ビザ）を必要とする在留資格の場合は新たに査証を取得することも含め，新規の上陸許可を受けなければなりません。なお，新規の上陸許可を受けて入国した後も，**新たに特別永住者の地位を得ることはできない**ため，大きな問題となる可能性がありますので，雇用管理者としては要注意です。筆者も，このことが原因で「特別永住者」としての資格を喪失してしまった韓国籍の方から相談を受けたことがありますが，制度上どうにもすることができなかった経験がありますので，要注意です。

【参考】日本国との平和条約に基づき日本の国籍を離脱した者等の出入国管理に関する特例法（抜粋）

（法定特別永住者）

第３条　平和条約国籍離脱者又は平和条約国籍離脱者の子孫でこの法律の施行の際次の各号の一に該当しているものは，この法律に定める特別永住者として，本邦で永住することができる。

一　次のいずれかに該当する者

イ　附則第 10 条の規定による改正前のポツダム宣言の受諾に伴い発する命令に関する件に基く外務省関係諸命令の措置に関する法律（昭和 27 年法律第 126 号）（以下「旧昭和 27 年法律第 126 号」という。）第２条第６項の規定により在留する者

ロ　附則第６条の規定による廃止前の日本国に居住する大韓民国国民の法的地位及び待遇に関する日本国と大韓民国との間の協定の実施に伴う出入国管理特別法（昭和 40 年法律第 146 号）（以下「旧日韓特別法」という。）に基づく永住の許可を受けている者

ハ　附則第七条の規定による改正前の入管法（以下「旧入管法」という。）別表第二の上欄の永住者の在留資格をもって在留する者

二　旧入管法別表第二の上欄の平和条約関連国籍離脱者の子の在留資格をもって在留する者

（特別永住許可）

第４条　平和条約国籍離脱者の子孫で出生その他の事由により入管法第３章に規定する上陸の手続を経ることなく本邦に在留することと

なるものは，法務大臣の許可を受けて，この法律に定める特別永住者として，本邦で永住することができる。

2　法務大臣は，前項に規定する者が，当該出生その他の事由が生じた日から60日以内に同項の許可の申請をしたときは，これを許可するものとする。

3　第1項の許可の申請は，法務省令で定めるところにより，居住地の市町村（特別区を含むものとし，地方自治法（昭和22年法律第67号）第252条の19第1項の指定都市にあっては，区又は総合区。以下同じ。）の長に，特別永住許可申請書その他の書類を提出して行わなければならない。

4　市町村の長は，前項の書類の提出があったときは，第1項の許可を受けようとする者が申請に係る居住地に居住しているかどうか，及び提出された書類の成立が真正であるかどうかを審査した上，これらの書類を，法務大臣に送付しなければならない。

第5条　平和条約国籍離脱者又は平和条約国籍離脱者の子孫で入管法別表第二の上欄の在留資格（永住者の在留資格を除く。）をもって在留するものは，法務大臣の許可を受けて，この法律に定める特別永住者として，本邦で永住することができる。

2　法務大臣は，前項に規定する者が同項の許可の申請をしたときは，これを許可するものとする。この場合において，当該許可を受けた者に係る在留資格及び在留期間の決定は，その効力を失う。

3　第1項の許可の申請は，法務省令で定めるところにより，法務大臣に特別永住許可申請書その他の書類を提出して行わなければならない。

（以下，省略）

【特別永住者証明書のイメージ画像】

（表面）

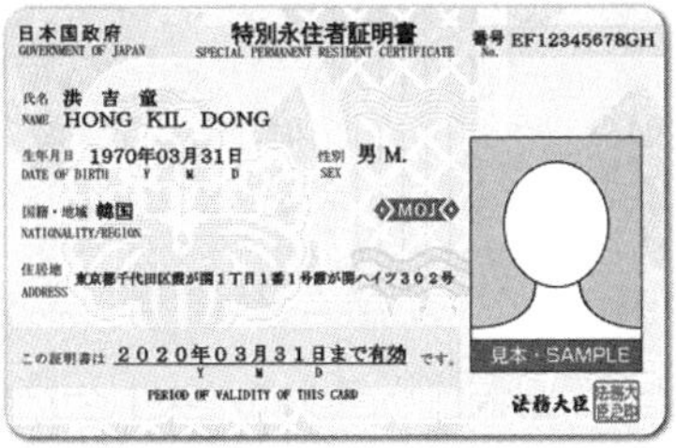

（裏面）

居住地を変更した時に，変更後の新しい住居地が記載される欄です。

出典：法務省ホームページ

Column 05　帰化許可申請について

本書のテーマからは外れますが，「特別永住者」の制度説明に深く関わる事項として，日本国籍を取得するための「帰化（きか）」について，簡単に説明します。

1.「帰化」とは

帰化とは，自分から願い出て，自国の国籍を捨て，他国の国籍を得て，他国民となることをいいます。日本に在留する外国籍の方々にとっては，「日本国籍の取得」のことと思っていただいて構いません。日本では，国籍法（昭和 25 年法律第 147 号）において，日本国籍の取得及び喪失の原因を定めており，「帰化許可申請」は，申請者の住所地を管轄する法務局・地方法務局に対して行います。

2. 帰化が認められる要件について

帰化の一般的な条件には，次のようなものがあります（国籍法第 5 条）。なお，これらの条件を満たしていたとしても，必ず帰化が許可されるとは限りません。以下に記載する条件は，日本に帰化するための最低限の条件を定めたものです。なお，実務においては，申請者に概ね小学 3～4 年生程度の「日本語能力」（常用漢字を含めた，読み書き，文章読解を含む）が求められますので，法務局での初回面談時に簡単な日本語テストが実施されており，その試験を突破しなければ申請を受理してもらえない運用となっています。

①　住所条件（国籍法第 5 条第 1 項第 1 号）

帰化の申請をする時まで，引き続き 5 年以上日本に住んでいることが必要です。なお，住所は適法なものでなければなりませんので，正当な在留資格を有していなければなりません。

②　能力条件（国籍法第 5 条第 1 項第 2 号）

年齢が 20 歳以上であり，かつ，本国の法律によっても成人の年齢に達していることが必要です。

③　素行条件（国籍法第 5 条第 1 項第 3 号）

素行が善良であることが必要です。素行が善良であるかどうかは，犯罪歴の有無や態様，納税状況や社会への迷惑の有無等を総合的に考慮して，通常人を基準として，社会通念によって判断されることとなります。

④　生計条件（国籍法第 5 条第 1 項第 4 号）

生活に困るようなことがなく，日本で暮らしていけることが必要です。

この条件は生計を一つにする親族単位で判断されますので，申請者自身に収入がなくても，配偶者やその他の親族の資産又は技能によって安定した生活を送ることができれば，この条件を満たすこととなります。

⑤　重国籍防止条件（国籍法第５条第１項第５号）

帰化しようとする方は，無国籍であるか，原則として帰化によってそれまでの国籍を喪失することが必要です。なお例外として，本人の意思によってその国の国籍を喪失することができない場合については，この条件を備えていなくても帰化が許可になる場合があります（国籍法第５条第２項）。

⑥　憲法遵守条件（国籍法第５条第１項第６号）

日本の政府を暴力で破壊することを企てたり，主張するような者，あるいはそのような団体を結成したり，加入しているような者は帰化が許可されません。

なお，日本と特別な関係を有する外国人（日本で生まれた者，日本人の配偶者，日本人の子，かつて日本人であった者等で，一定の者）については，上記の帰化の条件が一部緩和されています（国籍法第６条から第８条まで＝**簡易帰化**）。ただし，要件は緩和されていても，帰化許可申請手続自体の差はほとんどなく，本国から戸籍関係書類を取り寄せたりする必要があることは簡易帰化の場合だからといっても変わりがないため，相当な事務負担が生じているのが現状です。これらの事務手続が面倒だと感じる方は，お近くの「行政書士」へ依頼することを推奨します。なお，筆者が代表社員を務める行政書士法人エベレストにおいては，「特別永住者」の支援に特化し，三大都市圏（東京・名古屋・大阪）において「特別永住者相続・帰化支援センター」を運営し，韓国籍従業員が在籍し，申請手続などで発生するストレスを低減すべく，特別永住者の方々の支援に力を入れています。お気軽にご相談ください。ハングルの翻訳だけでも承っています。

2 外国籍労働者を迎え入れるうえでの職場環境の整備のポイント

外国籍労働者をはじめて雇用する企業が，円滑に職場に迎え入れるために，そして末永く，活き活きと職務能力を発揮してもらうためには，外国籍労働者からの働きやすさを主眼においた職場環境の整備（ルール作り等）が必要不可欠です。以下の３点を例として列挙しました。

1 就業規則や社内規定，業務処理マニュアル等の翻訳

１つ目は，「母国語（十分に理解できる言語を用いた）対応」です。本書第３章においても少し記述しますが，就業規則や各種社内規定，業務遂行マニュアルなどを当該外国籍労働者の母国語へ翻訳して提供することが望ましいです。日本語能力レベルが極めて高く，会話のなかで日本人と同等のコミュニケーションが取れている場合においても，漢字や専門用語，法律用語などの文章理解は難しい場合があるからです。なお，「翻訳」については専門的な翻訳会社へ依頼することが望ましいですが，多額の経費が必要となるため，難しい日本企業も少なくないでしょう。最近では，機械翻訳の技術も高まっていますので，そのような機械翻訳ソフトを利用するのもよいでしょう。

また，例えば製造業の現場（※従事できる在留資格は限られます）における機械の操作方法など，ミスがあってはならない場面では，文章を用いたマニュアルではなく，「動画」を活用した業務マニュアルなどを随時整備していくことも推奨しています。

2 宗教的儀礼行為に対するルール作りと事業所内共有

２つ目は，日本では馴染みがないかもしれませんが，「宗教的儀礼に対する対応」です。もちろん日本人であっても同様ですが，特定の曜日や時間帯での「礼拝」を労働者が希望している場合，一時的に職務を離れることができる就業規則やルールを定めておき事業所内で共有しておくと，他の従業員

の理解も得られやすくなります。また，悪意はなく信仰心の強さから「布教活動」に精を出してしまう方もいるかもしれません。宗教的思想に強い嫌悪感を示す従業員がいることも珍しくなく，例え悪意がなかったとしても，そういった些細なことで従業員同士のトラブルが発生してしまうことも予想されます。外国籍労働者が増えてくると，異国籍間であったり，宗教的な対立関係にあったりする場合も珍しくありません。基本的には，政治的・宗教的思想とビジネスは切り離しつつ，国家間や宗教間の違いは相互に理解し，尊重しあう職場環境（物理的に確保されたスペースや礼拝所の設置を含む）を整備していきましょう。

3 「食」に対する理解

３つ目は，「食」に対する理解です。単純な好き嫌いではなく，前述の宗教との結び付きや文化の違いから，あらかじめ知っておくとよいでしょう。例えば日本は歴史的に「捕鯨国」であり，クジラの肉が好きだという方もいますが，大反対している国や，個人的な思想を持った方もいます。魚類の「活き締め」や「イカの踊り食い」なんかも国際的に非難されることもあります。宗教とは関係なく，文化的な違いからも，「食のタブー」について配慮が必要であることを理解しておくとよいでしょう。なお，事業所にて食堂があったり社員寮で食事を提供していたりしているところは，外国籍労働者（イスラム教信仰者が多い場合）のために「ハラール認証[7]」を取得するなどの対策をするのもよいでしょう。

7　ハラール（HALAL）とは「合法」や「許された」を意味するアラビア語で，立法者であるアッラーが人類に示した規範「シャリーア（イスラーム法）」に則った状態を指します。ハラールは食品にも適用され，イスラーム法上合法な食品を，ハラール食品といいます。食品のハラール認証とは，各国政府機関やイスラーム団体が定めた制度に基づき，イスラーム法上合法であると当該機関や団体に認証されることです。農林水産省がまとめている『ハラール食品輸出に向けた手引き』（http://www.maff.go.jp/j/shokusan/export/attach/pdf/Halal-1.pdf）という資料が参考になります。

表6 〉 宗教ごとの禁止食品類

宗教名	主な国家・地域（一例）	禁止されている食品類
イスラム教	インドネシア，パキスタン，バングラデシュ，エジプト，イラン，トルコ，サウジアラビア 他	豚肉，熊肉など（ハラーム食品），忌避すべきものに触れたもの，例えば，豚肉を切った包丁やまな板を使う事も禁止されています。また，健康に害のあるもの，泥酔性がある物（アルコールを含む食品，又は飲料） ※ 何がハラームに該当するかについては必ずしも成文化されておらず，国や地域によっても異なるために判断が難しいため，ある程度本人の判断に任せざるを得ないと考えます。
ヒンドゥー教	インド，ネパール 他	肉全般，牛，豚，魚介類全般，卵，生もの，五葷（ごくん：ニンニク，ニラ，ラッキョウ，玉ねぎ，アサツキ）など
仏教	タイ，カンボジア，ミャンマー 他	※ 国や宗派によって異なり，肉食が制限されている場合もある（精進料理）。

※ 各人の信仰の深さによって，一律には解釈できないため，ざっくりと捉えたうえで，「本人に確認する」という姿勢が重要です。日本人にも好き嫌いがあるのと同様，「この宗教を信仰しているならこうだ」という決めつけ，固定観念は思わぬトラブルの元となります。

本項目とは少し離れますが，筆者が相談を受けた事例で，意外だったものがあります。某国の元留学生が日本の大学を卒業して日本の大手企業に就職して少し経ち，ある日再会し，「何か辛いことがないか」と近況を兼ねて話を聞いたところ，「仕事終わりの「飲み会」がとても苦痛」と悩んでいました。私はお酒がほとんど飲めないタイプですが，飲みに行って少しずつ職場の人間関係を築いていくことは嫌いではないので，「なるほど“飲み会”は日本の独自の文化かもしれない」と少し驚いたのを覚えています。日本人従業員でも同じですが，いわゆる「飲みニケーション」は，精神的苦痛を与えてしまっている可能性もあるため，注意しましょう。また日本人と比べて，「自尊心」の強い性格特性の方もいるため，日本の企業でたまに見られるような「人前や公開のチャットやメールで叱責すること」についても極力避けた方がよいでしょう。

3 基本的な外国籍労働者の採用方法について

本項目では，「外国籍労働者の採用をしよう」と決められた採用担当者向けに，以下に代表的な採用方法を４つ紹介します。なお，最も一般的な採用方法であるハローワーク（公共職業安定所）では，本稿執筆現在において，東京・名古屋・大阪・福岡の４拠点において「外国人雇用サービスセンター」が設置され，外国人留学生に対し就職に向けた各種情報を提供するとともに，入学後の早い段階からの就職支援（就職ガイダンス），インターンシッププログラムの提供，就職面接会等を実施していますので，都市部におかれましては，「ハローワーク」での求人（採用）活動も推奨しています[8]。

1 有料職業紹介事業者を介した採用

有料職業紹介事業者とは，職業安定法（以下「法」という）第４条第１項において，「①求人及び②求職の申込みを受け，求人者と求職者との間における③雇用関係の成立を④あっせんする事業者」のことをいいます（図６参照）。本事業は，営業所を管轄する都道府県労働局の「許可制」になっており，特に外国籍労働者の職業紹介については，在留資格に関する専門的な知識がなく，就労前後におけるトラブルも多いため，昨今の法改正により厳しく規制されています（図７参照）。国外営業に関して，きちんと労働局からの許可を得ているか否かについては，「有料職業紹介事業許可証」にて確認が可能です。無許可業者はもちろんのこと，外国人材の紹介経験に乏しい事業

8　厚生労働省ホームページ「外国人雇用サービスセンター等一覧」https://www.mhlw.go.jp/seisakunitsuite/bunya/koyou_roudou/koyou/gaikokujin/employment_service_list.html

図6 職業紹介事業について

「職業紹介」…求人及び求職の申込みを受け，求人者と求職者の間の雇用関係の成立をあっせんすること

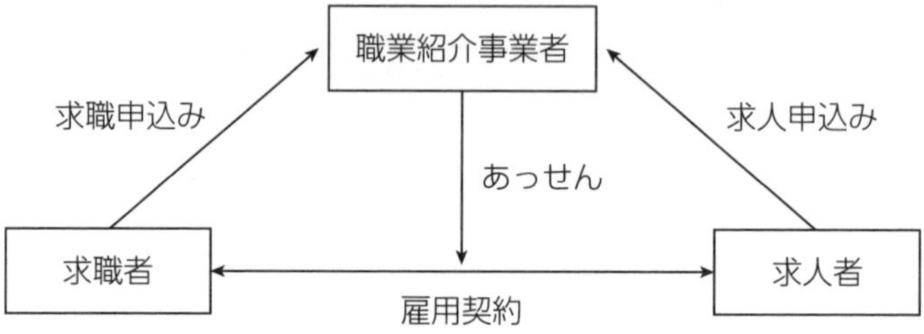

出典：厚生労働省ホームページ「職業紹介事業制度の概要」
https://www.mhlw.go.jp/bunya/koyou/haken-shoukai01.html

者，ひどいケースでは，外国籍労働者から研修費と称して法外なお金を請求する事例が発生していますので，そういった業者を避けるように注意が必要です。

なお，本稿執筆現在において，筆者が代表取締役を務める「株式会社エベレストコンサルティング」でも有料職業紹介事業許可（許可番号23-ユ-301698）を取得し，外国籍労働者に特化した職業紹介・就労支援（日本企業における外国人材（特に，韓国・中国・ベトナムの3カ国）の採用支援）を行っています[9]。

9　関連WEBサイト「エベレストキャリア」（https://everest-career.jp）

図7 有料職業紹介事業者の皆様へ（2019 年 4 月以降）

職業紹介事業者の皆さまへ
これから国外にわたる職業紹介事業を行う皆さまへ

特定技能外国人材の受入れに関する留意点

（2019年4月1日～）

改正入管法の施行に伴い、2019年４月１日から在留資格「特定技能」が創設されます。職業紹介事業者の皆さま、これから国外にわたる職業紹介事業を行う皆さまに、ご留意頂きたい点をお知らせいたします。

1 適正な職業紹介事業の許可の取得について

特定技能の在留資格に関して職業紹介を行うためには、職業紹介の許可などが必要です。

<特定技能に関する職業紹介>

○ 特定技能１号および２号の在留資格については、職業紹介事業の許可などを受けて、国外に存在する求職者の受入れに関する職業紹介を行うことが可能です。

○ また、特定技能については、その他の在留資格と同様、在留資格で認められている範囲内で転職が可能であり、特定技能外国人材に対して転職先のあっせんを行う場合にも、職業紹介事業の許可などが必要です。

※ 既に職業紹介事業の許可などを取得している場合は、改めて取得する必要はありませんが、必要に応じて相手先国や取次機関の届出などの手続きを行ってください。

<登録支援機関の認定を受けている場合>

○ 入管法に基づき登録支援機関の認定を受けている場合は、特定技能外国人材の受入れに関する支援など（非自発的離職時の転職支援を含む）を行うことができます。ただし、登録支援機関の認定を受けていても、職業紹介を行う場合には、別途職業紹介事業の許可などを取得する必要があります。

<監理団体の許可を受けている場合>

○ 監理団体の許可を受けた事業者が行うことができるのは、技能実習に関する雇用契約の成立のあっせんです。このため、特定技能外国人材に関する職業紹介を行う場合には、別途職業紹介の許可などを取得する必要があります。

（国外にわたる職業紹介を行う場合の許可基準や提出書類などは、次頁を参照）

厚生労働省・都道府県労働局

LL310329 需02

2 国外にわたる職業紹介に関する留意事項

特定技能外国人材に対する場合も含め、国外の求職者に対して職業紹介を行う際に、以下の事項の遵守や追加の提出書類が必要です。

＜許可基準・留意事項について＞

平成31年４月１日から、国外にわたる職業紹介を行う場合の許可基準が一部改正されます(④(2)・⑤の追加)。これらの内容は、許可取得時に付される条件や職業安定法に基づく指針においても明記されますので、職業紹介事業を行うに当たり、遵守することが必要です。

①	取扱職種の範囲などとして届け出た国以外を相手先国としてはなりません。
②	入管法や相手先国の法令を遵守して職業紹介を行わなければなりません。
③	求職者に渡航費用その他の金銭を貸し付け、または求人者がそれらの金銭を貸し付けた求職者に対して職業紹介を行ってはなりません。
④	次に該当する取次機関を利用してはなりません。 (1)　相手先国において活動を認められていないもの (2)　職業紹介に関し、保証金の徴収その他名目のいかんを問わず、求職者の財産を管理し、違約金など不当に財産の移転を予定する契約を締結し、または求職者に対して渡航費用その他の金銭を貸し付けるもの（※）
⑤	職業紹介に関し、求職者が保証金の徴収その他名目のいかんを問わず、財産を管理されていたり、違約金など不当に財産の移転を予定する契約を締結されていることを認識して、職業紹介を行ってはなりません。

(※) ④(2)の取次機関による保証金の徴収の有無などについては、例えば、取次機関との業務分担について記載した契約書や取次機関から誓約書を提出させることなどにより証明させることが考えられます。

＜提出書類について＞

国外にわたる職業紹介を行う場合には、国内のみで職業紹介を行う場合に加えて、以下の書類の提出が必要です。

①	相手先国の関係法令　（※）
②	＜取次機関を利用しない場合＞ 相手先国において事業者の活動が認められていることを証明する書類　（※）
＜取次機関を利用する場合は、以下の書類＞	
③	取次機関および事業者の業務分担について記載した契約書など　（※）
④	相手先国で取次機関の活動が認められていることを証明する書類　（※）
⑤	取次機関に関する申告書

(※) ①～④の書類については、該当部分のみの添付が必要であり、日本語訳も含みます。

3 求職者の早期離職などに関する留意事項

職業紹介事業者は、紹介した求職者が早期に離職することのないよう、以下の事項を遵守することとされています。特定技能外国人材に関する職業紹介に当たっても、十分留意してください。

①	自らの紹介により就職した者（※1）に対して、就職した日から２年間は、転職の勧奨を行ってはなりません。
②	手数料に関して、返戻金制度を設けることが望まれます。
③	求職者・求人者双方に、受理する手数料（※2）の明示が必要です。
④	求職者などを勧誘するに当たっては、お祝い金などの金銭を支給することは望ましくありません。

(※1) 無期雇用契約を締結した者に限ります。
(※2) 一部の例外を除き、求職者からの手数料徴収は職業安定法において禁止されています。

4 求職の受理に関する留意事項

求職の申込みに当たり、同意を得られる範囲で在留カードなどの提示を求めるなど、不法就労をあっせんすることがないよう注意して職業紹介を行ってください。

以下の例も参考に、求職者が適正な在留資格・在留期間であることや、紹介先が在留資格で認められた範囲内であることなどを確認する必要があります。

<具体的な確認方法の例（国内での就労が認められているもの）>

① 在留カード表面の「就労制限の有無」欄において、「就労制限なし」、「在留資格に基づく就労資格のみ可」、「指定書記載機関での在留資格に基づく就労活動のみ可」、「指定書により指定された就労活動のみ可能」のいずれかの記載がある場合

② 在留カード表面の「就労制限の有無」欄において「就労不可」の記載があるが、裏面の「資格外活動許可欄」に「許可」の記載がある場合（留学生）など

※ 詳細および最新の情報は、出入国在留管理庁HPにおいて確認してください。

5 相手国の送り出し手続に関する留意事項

相手先国の法令において、送り出し手続きが定められている場合がありますので、事前に確認してください。

○ 特定技能の在留資格については、相手先国（送り出し国）で所定の手続きがある場合は、それを経ていることが要件の１つとされています。

○ 相手先国の法令などにより相手国政府が取次機関を認証することとなっている場合や、現在締結が進められている二国間取決めにより「遵守すべき手続」が定められている場合がありますので、出入国在留管理庁ＨＰにおいて最新の情報を十分確認してください。

6 職業紹介事業報告の改正について

特定技能に関する職業紹介実績の報告が必要になります。

○　平成32年(2020年)４月報告分から、職業紹介事業の事業報告の方法が変更され、これまで中分類ごとの区分とは別に、特定技能に関する職業紹介実績を報告していただくこととなります。

○　平成31年度(2019年度)の実績を把握する必要がありますのでご留意ください。

7 その他の留意事項

職業紹介事業に関し、その他以下の事項に留意してください。

○　国外にわたる職業紹介については、職業紹介を行った後、求職者が在留資格を取得できない可能性があります。トラブル防止のため、事前に求人者との間で手数料の金額や支払いのタイミングなど明確にしておくことが必要です。

○　特定技能については、各分野ごとに設置される協議会（※）において、受入れ状況などを踏まえた大都市圏への集中回避に関する対応策（引き抜きの自粛要請など）が定められていますので、それらの規定を遵守することが必要です。

(※) 制度の適切な運用を図るために分野所管省庁によって設置され、受入れ機関や業界団体、関係省庁を構成員とするもので、制度や情報の周知、法令遵守の啓発など必要な対応を行います。

ご不明な点や職業紹介事業に関して不適切なことがあれば、
お近くの都道府県労働局にご相談ください。

【問い合わせ先】　都道府県労働局

労働局名	課室名	電話番号	労働局名	課室名	電話番号
北海道	需給調整事業課	011-738-1015	三　重	需給調整事業室	059-226-2165
青　森	需給調整事業室	017-721-2000	滋　賀	需給調整事業室	077-526-8617
岩　手	需給調整事業室	019-604-3004	京　都	需給調整事業課	075-241-3225
宮　城	需給調整事業課	022-292-6071	大　阪	需給調整事業第一課	06-4790-6303
秋　田	需給調整事業室	018-883-0007	兵　庫	需給調整事業課	078-367-0831
山　形	需給調整事業室	023-626-6109	奈　良	需給調整事業室	0742-32-0208
福　島	需給調整事業室	024-529-5746	和歌山	需給調整事業室	073-488-1160
茨　城	需給調整事業室	029-224-6239	鳥　取	職業安定課	0857-29-1707
栃　木	需給調整事業室	028-610-3556	島　根	職業安定課	0852-20-7017
群　馬	需給調整事業室	027-210-5105	岡　山	需給調整事業室	086-801-5110
埼　玉	需給調整事業課	048-600-6211	広　島	需給調整事業課	082-511-1066
千　葉	需給調整事業課	043-221-5500	山　口	需給調整事業室	083-995-0385
東　京	需給調整事業第一課	03-3452-1472	徳　島	需給調整事業室	088-611-5386
	需給調整事業第二課	03-3452-1474	香　川	需給調整事業室	087-806-0010
神奈川	需給調整事業課	045-650-2810	愛　媛	需給調整事業室	089-943-5833
新　潟	需給調整事業室	025-288-3510	高　知	職業安定課	088-885-6051
富　山	需給調整事業室	076-432-2718	福　岡	需給調整事業課	092-434-9711
石　川	需給調整事業室	076-265-4435	佐　賀	需給調整事業室	0952-32-7219
福　井	需給調整事業室	0776-26-8617	長　崎	需給調整事業室	095-801-0045
山　梨	需給調整事業室	055-225-2862	熊　本	需給調整事業室	096-211-1731
長　野	需給調整事業室	026-226-0864	大　分	需給調整事業室	097-535-2095
岐　阜	需給調整事業室	058-245-1312	宮　崎	需給調整事業室	0985-38-8823
静　岡	需給調整事業課	054-271-9980	鹿児島	需給調整事業室	099-803-7111
愛　知	需給調整事業第一課	052-219-5587	沖　縄	需給調整事業室	098-868-1637

出典：厚生労働省パンフレット　https://www.mhlw.go.jp/content/0020190401.pdf

2 大学等主催の企業説明会

２つ目の採用方法は，「外国人留学生」に限定された採用方法にはなりますが，最近では留学生の獲得に力を入れた大学や短期大学，専門学校（以下，「大学等」という）が増えています（外国人留学生数の推移については下記の図８参照）。そのような大学等では，さらなる留学生の獲得を目指し，日本企業への就職支援に力を入れており，就職シーズンになると，様々な業種の日本企業採用担当者を招いて企業説明会を開催しています。一度に多くの留学生に会えるため，採用効率が良く，推奨したい採用方法です。ただし，本稿執筆現在において，日本の大学等を卒業した留学生は，日本語能力も高い方が多く，多くの採用予定企業によって獲得競争が繰り広げられている現状です。大学等主催の企業説明会で採用を行う場合は，外国人留学生がどういったところを見て求職希望を出すのか，日本人の新卒予定者とは異なる観点で，事前にしっかりとした企業PR対策が必要不可欠になります。なお，留学生人気の理由は，36ページに記載した特定活動の影響もあります。

3 民間の求人サイト（就職情報サイト）・その他求人媒体（求人情報誌）への掲載

３つめの採用方法は，「求人サイト（就職情報サイト）」や「求人媒体（求人情報誌）」へ求人情報を登録（掲載）して行う採用方法です。「求人サイト」は，無料で求人情報を掲載できる『無料掲載サイト』と，求人情報の掲載にあたり掲載料が必要となる『有料掲載サイト』に大別されます。前者は，広告収入を得て又は有料職業紹介事業者が取引先拡大のツールとして運営しているケースが多く，後者は圧倒的なアクセス数が見込める大手人材関連企業が運営するサイトに多いです（有料でも多数の求人が集まるだけあって，効果は大きいようです）。

なお，筆者のこれまでの経験に基づくと，外国籍労働者の方はスマートフォン普及率が高く，求人媒体（求人情報誌）よりも「求人サイトの閲覧」や「留学生仲間からの紹介」によって求職（転職）活動をしている方が多い

図8 「外国人留学生在籍状況調査」及び「日本人の海外留学者数」等について

1. 外国人留学生数

（独）日本学生支援機構では，毎年，国内の高等教育機関等における外国人留学生（在留資格「留学」で滞在している外国人学生）の５月１日時点の在籍状況等を調査しています。

外国人留学生在籍状況調査によると，2018（平成30）年５月１日現在の外国人留学生数は298,980人（対前年比31,938人（12.0%）増）であり，留学生数の多い国・地域は中国114,950人（対前年比7,690人増），ベトナム72,354人（対前年比10,683人増），ネパール人24,331人（対前年比2,831人増）でした。

出典：文部科学省報道発表資料（平成31年1月18日）「「外国人留学生在籍状況調査」及び「日本人の海外留学者数」等について」から抜粋　http://www.mext.go.jp/a_menu/koutou/ryugaku/__icsFiles/afieldfile/2019/01/18/1412692_1.pdf

です。また，日本人の求職者と比べると，増加しているとはいえまだ外国籍労働者は少ないため，「求人サイト」の方が効率的と考えています。最近では，筆者が経営する「エベレストキャリア™」（下記参照）のように，外国籍の方々に特化した求人サイトや有料職業紹介事業者も増えて参りました。外国籍労働者の方にとっても求職しやすい環境が少しずつ整ってきているのではないでしょうか。

【参考】＜外国籍労働者採用に特化した求人サイト「エベレストキャリア(https://everest-career.jp)」＞

※無料で求人情報を掲載することができ，さらに在留資格の期限管理なども無料で行うことができる機能（ビザレコ™）が利用できます。

4 国外での海外人材発掘

４つ目の採用方法は，日本国内ではなく，「国外」において直接的に採用活動をする方法です。現地法人などの拠点を有していない場合にはハードルが少し高く感じるかもしれませんが，海外，昨今では特に東南アジアでは，日本への就職を目指す方向けの専門的教育機関（いわゆる「送り出し機関」等）が存在し，意欲旺盛な求職者が多数います[10]。これらの機関（企業・団体）では，「技能実習生」のみならず，多くの求職者データ（元技能実習生など）を有しているため，希望に沿う外国籍労働者を紹介してもらえる可能性が高いです。

なお，昨今「技能実習制度」において，技能実習生が抱える「借金」が大きな国際問題となりました。例えば，技能実習生を食い物にする悪徳なブローカーが海外に存在し，日本での就職を希望する方に多額の借金をさせて，日本企業に送り出すケースです。2019年4月1日より施行された「特定技能」という新しい在留資格制度の開始に付随して，これらの悪質なブローカーの排除が要件とされ，日本といくつかの国で取り決め（MOC）がされるようになりました[11]。

そのため，今後はこういった事例は減少していくと思われますが，海外採用で協力を求める際には悪質なブローカーに十分に注意する必要があります。最悪の場合，不法就労助長罪に問われかねません。

4 優秀な外国籍労働者を獲得する際の訴求すべきPRポイント

本項目では，外国籍労働者の採用時の訴求ポイントについて，紹介します。日本人の採用とは異なる訴求するべき（プラス評価されやすい）点がいくつかありますので，そのなかでも重要なポイントを3つ抑えていきましょう。

10　この事実には，日本の賃金水準が新興国にとってはかなり高い（世界的に見れば，バブル崩壊後，ほとんど増加していないのですが…）こと，さらには新興国の経済発展がまだ中途であり，国内の経済力が弱く，就労できる企業が限られているという背景があります。

11　例えばインドネシアとのMOCでは，「特定技能」の在留資格にて外国籍労働者を採用するには，日本企業側が「IPKOL」と呼ばれる労働情報支援システムへの求人情報登録が必要であること，等が合意されました（参照：http://www.moj.go.jp/content/001298216.pdf）。

表7 外国籍労働者向け職場環境の自己チェックシート

番号	チェック項目	チェック欄
1	業務に関するマニュアル等が外国籍の方でも理解できる言語で整備されている（又は通訳を入れて説明する機会が用意できる）。	該当→　する□・しない□
2	ヒンドゥー教やイスラム教など，外国籍の方の宗教や思想について理解があり，偏見や差別を未然に防ぐための社内教育研修が実施されている。	該当→　する□・しない□
3	外国籍の方であっても疎外感を感じないように日本人社員との交流が円滑になるようにコミュニケーションを促進するような福利厚生活動や仕組みが整備されている。	該当→　する□・しない□
4	日本語がわからず困ったときに，母国語等外国籍の方が日本語以外で理解しやすい言語を話せる方が同一の職場に在籍している（又はすぐに援助を求めることができる）。	該当→　する□・しない□
5	日本語能力が不足すると本人や職場の同僚が感じる場合には，会社側の費用負担又は社内研修にて日本語を学習する機会が提供されている。	該当→　する□・しない□
6	有給休暇がとりやすく，母国で離れて暮らす家族がいる場合には，その家族に会いやすいように（2 週間前後の）まとまった休暇が取れる体制（就業規則内の休暇規定）が整備されている。	該当→　する□・しない□
7	日本での職場以外の「日常生活面」について，困ったときに気軽に日本語以外でも相談できる体制が整備されている（又は外部へ委託してその機会を提供している）。	該当→　する□・しない□

作成：行政書士法人エベレスト　野村　篤司　※無断転用・無断転載を固く禁じます。

1　外国籍であっても働きやすい職場環境（働きやすさ）

日本人の採用場面でも共通する部分がありますが，外国籍の求職者の方々も，自分がそこで気持ちよく働くことができるかどうか，どういった「職場環境」なのかを重要視する傾向があります。一例ではありますが，「表７　外国籍労働者向け職場環境の自己チェックシート」を参考にしてください。

2　同じ国籍者の採用実績

２つ目の訴求ポイントは，「同じ国籍の方がその職場で働いているか」又は「過去に採用実績があるか否か」です。現に活躍している同一国籍者がいるということは大きな精神的な支えとなり，良き相談相手になるでしょう。これは仮に日本人が海外にて就労する場合を考えるとわかりやすいのではないでしょうか。

また，現に同一国籍者が就労を継続していなくても，過去に同一国籍者の「採用（雇用）実績」があるというだけでも，「自分にも活躍の余地がある」，「既に外国籍労働者を受け入れることに日本人従業員に抵抗が少ない（理解されやすい）だろう」という観点で，外国籍求職者に対する大きな訴求ポイントになります。筆者が経営する「行政書士法人エベレスト」では，過去にベトナム国籍，現にロシア国籍，中国国籍，韓国国籍の方が就労していますが，同一国籍者でなくても外国籍労働者がいるというだけで安心につながっているようです。

これらの実績があることは強い訴求になりますが，そのような実績を有しておらず，「初めて外国籍労働者を採用してみる」という企業も決して少なくありません。その場合，経営資金の都合にもよりますが，２名以上（複数人）同時採用を行うことも採用のコツの一つになります。

Column 06 「外国人採用適格性認定」制度とは

表７のチェック項目にあるような職場環境か否かについて，また外国籍の方を雇用するうえで必要不可欠な入管法や各種労働法制の知識を有しているかなど，「第三者」たる立場から認定する活動を筆者が経営する「株式会社エベレストコンサルティング」が行っており，それが「外国人採用適格性認定™」です。具体的には，以下の基準に適合する企業（(3) 及び (4) については「外国人就労アドバイザー™」が講師として，個別の企業からの依頼に基づいて実施）に対して，認定マーク（下図参照）を付与しております。

＜外国人採用適格性認定™基準＞

⑴　日本の労働基準法（関連法を含む）を遵守し，①三六協定の締結，②就業規則の作成，③賃金規程の作成，④社会保険等の適正加入の４点が整備されていること

⑵　外国籍労働者の採用条件が，日本人労働者と比較して同等の業務内容について，同等の給与水準であると認められること

⑶　出入国管理及び難民認定法（通称：入管法）に関して不法就労を助長させないように，申請取次行政書士による研修を受講していること

⑷　厚生労働省が定める「外国人採用指針」等，外国人雇用に関する注意事項や諸手続きについて，社会保険労務士による研修を受講していること

⑸　その他，外国の文化や宗教，慣習を理解するように努め，外国人労働者の人権に配慮できる経営者又は人事労務管理者であると認められること

＜付与する認定マーク（本稿執筆時現在）＞

認定企業

外国人採用適格性認定

3 日本人との同等以上の好待遇

3つめの訴求ポイントは，やはり「待遇面」です。そもそもなぜ，外国籍の求職者の方々は，日本で働くことを強く希望しているのでしょうか。もちろん，単純に「日本が好き」，「日本で働くことがステータス」であるという観点から希望する方も多くいますが，「母国の経済発展が未熟であり，働く場所が国内に存在しない」「母国で働いても給与水準が日本に比べて低く，近年の物価の上昇に追い付かず生活が苦しい」などの経済的な理由から求職している方も大勢います。こういった経済的理由を背景として求職している方々の最も優先するポイントは，「待遇面」になります。「日本人との同等以上」というのは，上陸許可基準等においても求められている「最低基準」になりますが，できる限り良い待遇を用意することで大きく訴求することが可能となります。

前述の1にも関係しますが，給与の金額はもちろん，昇給できるか否か，休みが取りやすいか否か，賞与はあるか，社員寮や住宅手当，扶養手当（家族手当）は支給されるか，退職金はあるか，福利厚生は充実しているかなど，求めることは，日本人の求職者と変わらないでしょう。外国籍労働者について，「安い労働力」と捉える経営者が多かった時代がありましたが，今は決してそうではありません。

雇用段階

第3章 雇用する際の諸手続き・注意点

本章では，実際に外国籍労働者の方を雇用するに至った段階以降において必要となる手続きや，理解しておかなければならない事項を確認します。

以下の順序で見ていきましょう。

① 外国人雇用管理指針の基本的な考え方
② 労働保険・社会保険の手続き
③ 労働施策総合推進法に基づく外国人雇用状況の届出
④ 雇用契約を締結するときの注意事項・就業規則の整備と周知
⑤ 外国人雇用管理指針の概要
⑥ 関連する助成金のご案内

1 外国人雇用管理指針の基本的な考え方

外国籍労働者を雇用する事業主が行うべきとされている雇用管理の内容は，**『外国人労働者の雇用管理の改善等に関して事業主が適切に対処するための指針』**で示されています（以下，「指針」という）。

この指針は，労働施策の総合的な推進並びに労働者の雇用の安定及び職業生活の充実等に関する法律（「労働施策総合推進法」，旧「雇用対策法」）に基づいて定められたものです。

この指針における基本的な考え方が，以下の２点です。これは，外国籍労働者の雇用管理を通じた軸となる，最重要項目ともいえるものですので，はじめにご紹介しておきます。

> 事業主は外国籍労働者について
>
> ・ **労働関係法令及び社会保険法令は国籍にかかわらず適用されるため，これらを遵守**すること
>
> ・ 外国籍労働者が適切な労働条件及び安全衛生の下，**在留資格の範囲内で能力を発揮**しつつ就労できるよう，この指針で定める事項について，適切な措置を講ずること

1点目は，労働基準法，労働安全衛生法，労働契約法，労働組合法などといった労働に関する基本的な法律，そして，労災保険・雇用保険を中心とする「労働保険」，健康保険・厚生年金保険を中心とする「社会保険」などは，国籍を問わず，つまり，外国籍労働者に対しても日本国籍の労働者と全く同じように適用されるということです。

また，2点目については，外国籍労働者は日本国籍労働者とは異なり，在留資格で認められた範囲内での就労という制限がありますが，その範囲内においては最大限能力を発揮できるように，透明性や公正性を確保した人事管理制度を整備したり，適切な生活支援等を行ったりするなどして，働きやすい環境を整えていく必要がある，ということです。

就労環境を整備するために事業主が何をしなければならないのか，という具体的な措置は，指針のなかで項目立てて示されています。具体的な内容については後ほど触れることにして，まずは，労働保険・社会保険の基本的事項について理解を深めましょう。

2 労働保険・社会保険の手続き

労災保険と雇用保険をまとめて「労働保険」，健康保険と厚生年金保険をまとめて「社会保険」，と呼ぶことが多いです。わかりやすいため，本書でもそのように整理することにします。

労働保険と社会保険のいずれにおいても，大原則は，「労働者の**国籍にか**

かわらず適用される」ということです。労災保険，健康保険，厚生年金保険，雇用保険の順に説明します。

1 労災保険（Industrial accident insurance）

労災保険は，業務上又は通勤途上における労働者の負傷，疾病，障害，死亡などに対して，必要な保険給付を行うとともに，当該労働者の社会復帰の促進や遺族の援護を行う制度です。正式名称は，労働者災害補償保険です。

(1) 適用される労働者・届出手続

適用事業所に使用されている労働者**全員**に適用されます。在留資格に基づいて就労している場合はもちろん，資格外活動許可を得てアルバイト就労している場合も適用対象となります。たとえ不法就労の外国籍労働者であっても，適用されます。

労災保険については，労働者の雇入れ，離職に際して，個別の届出手続は必要ありません。

(2) 保険料

労災保険料は，労働者に支払う給与額に，労災保険料率を乗じて算出されます。労災保険料率は，業種（業務の種類の危険度等を勘案して定められている）に応じて異なっており，具体的には「労災保険料率表」に定められています。

もともと，使用者の災害補償責任は労働基準法に定めがあるのですが，責任遂行を個々の会社に任せてしまうと，会社の経済状況によっては十分な補償が行われない恐れが生じてきます。そこで，そうした事態を防ぎ，労働者を保護するために，労災保険法が成立したものです。

ですから，労災保険料を負担するのは災害補償責任を負う事業主のみであり，労働者の自己負担部分は発生しません。

表8 〉 労災保険率表

（単位：1/1,000）　　　　（平成 30 年 4 月 1 日施行）

事業の種類の分類	業種番号	事業の種類	労災保険率
林業	02 又は 03	林業	60
漁業	11	海面漁業（定置網漁業又は海面魚類養殖業を除く）	18
	12	定置網漁業又は海面魚類養殖業	38
鉱業	21	金属鉱業，非金属鉱業（石灰石鉱業又はドロマイト鉱業を除く）又は石炭鉱業	88
	23	石灰石鉱業又はドロマイト鉱業	16
	24	原油又は天然ガス鉱業	2.5
	25	採石業	49
	26	その他の鉱業	26
建設事業	31	水力発電施設，ずい道等新設事業	62
	32	道路新設事業	11
	33	舗装工事業	9
	34	鉄道又は軌道新設事業	9
	35	建築事業（既設建築物設備工事業を除く）	9.5
	38	既設建築物設備工事業	12
	36	機械装置の組立て又は据付けの事業	6.5
	37	その他の建設事業	15
製造業	41	食料品製造業	6
	42	繊維工業又は繊維製品製造業	4
	44	木材又は木製品製造業	14
	45	パルプ又は紙製造業	6.5
	46	印刷又は製本業	3.5
	47	化学工業	4.5
	48	ガラス又はセメント製造業	6
	66	コンクリート製造業	13
	62	陶磁器製品製造業	18
	49	その他の窯業又は土石製品製造業	26
	50	金属精錬業（非鉄金属精錬業を除く）	6.5
	51	非鉄金属精錬業	7
	52	金属材料品製造業（鋳物業を除く）	5.5

	53	鋳物業	16
	54	金属製品製造業又は金属加工業（洋食器，刃物，手工具又は一般金物製造業及びめつき業を除く）	10
	63	洋食器，刃物，手工具又は一般金物製造業（めつき業を除く）	6.5
	55	めつき業	7
	56	機械器具製造業（電気機械器具製造業，輸送用機械器具製造業，船舶製造又は修理業及び計量器，光学機械，時計等製造業を除く）	5
	57	電気機械器具製造業	2.5
	58	輸送用機械器具製造業（船舶製造又は修理業を除く）	4
	59	船舶製造又は修理業	23
	60	計量器，光学機械，時計等製造業（電気機械器具製造業を除く）	2.5
	64	貴金属製品，装身具，皮革製品等製造業	3.5
	61	その他の製造業	6.5
運輸業	71	交通運輸事業	4
	72	貨物取扱事業（港湾貨物取扱事業及び港湾荷役業を除く）	9
	73	港湾貨物取扱事業（港湾荷役業を除く）	9
	74	港湾荷役業	13
電気，ガス，水道又は熱供給の事業	81	電気，ガス，水道又は熱供給の事業	3
その他の事業	95	農業又は海面漁業以外の漁業	13
	91	清掃，火葬又はと畜の事業	13
	93	ビルメンテナンス業	5.5
	96	倉庫業，警備業，消毒又は害虫駆除の事業又はゴルフ場の事業	6.5
	97	通信業，放送業，新聞業又は出版業	2.5
	98	卸売業・小売業，飲食店又は宿泊業	3
	99	金融業，保険業又は不動産業	2.5
	94	その他の各種事業	3
	90	船舶所有者の事業	47

出典：厚生労働省ホームページ

労災保険料率は最大1,000分の88（8.8%，金属鉱業など）で，最小1,000分の2.5（0.25%，金融業など）です。具体的な金額の目安ですが，例えば，デスクワークの多い金融業の場合，ひと月の給料が30万円の労働者に対しては，労災保険料としてひと月750円を会社が負担することになります。次に説明する健康保険や厚生年金保険と比べると，負担額はかなり小さいといえるでしょう。

(3) 給付内容

労働者が業務中あるいは通勤中に怪我や病気をした場合，その治療に対して「療養（補償）給付」が，そして，治療のため仕事をすることができない場合には，「休業（補償）給付」が，それぞれ支給されます。治療が長期化した場合には，年金という形で「傷病（補償）年金」が支給されます。

そして，これらの負傷・疾病によって障害が残った場合には「障害（補償）給付」が，介護が必要になった場合には「介護（補償）給付」が支給されます。万が一，労働者が死亡するに至った場合，葬祭のための「葬祭料（葬祭給付）」や遺族の生活保障のための「遺族（補償）給付」が，遺族に対して支給されることになります。

労災保険に関して，外国籍労働者を雇用管理するうえで行わなければならないのは，次の2点です。

1点目は，雇入れの際に，労災保険制度の仕組みと請求手続について説明しておくこと，**2点目**は，実際に労働災害が発生してしまった場合に，労働者の請求手続を十分にサポートすることです。

具体的には，請求手続に関する労働者からの相談に応じることや，依頼された事項について速やかに対応したり，必要に応じて手続きを代行するなど，原則として，日本国籍労働者に対する場合と同じような配慮が求められることになります。

労災保険の制度の説明に役立つツールとして**「外国人労働者向け労災保険給付パンフレット」**を紹介しておきます（厚生労働省のホームページ）。

制度の仕組みや，先ほど触れたような給付の種類・内容について，かなり詳しく記載してあります。

英語，ポルトガル語，韓国語，中国語，ベトナム語，タイ語，インドネシア語，ペルシア語，スペイン語，タガログ語，カンボジア語，ネパール語，ミャンマー語の翻訳版があります。

【参考】外国人向け労災保険給付パンフレット

[For foreign workers in Japan]

英語版

Industrial Accident Compensation Insurance Application Guidance for Foreign Workers
＜Volume 1＞

Applicable Insurance Benefits

Industrial Accident Compensation Insurance Act applies to foreigners who work as employees in Japan regardless of nationality. Not only those who have resident status which allows work but also foreign students who have part time jobs are also covered by Industrial Accident Compensation Insurance when they get injured.

This outlines the types and contents of Industrial Accident Compensation Insurance that foreign workers in Japan can receive.

Feel free to contact nearby Labour Standards Inspection Office regarding any further details such as the requirements for payment.

Please note that some benefits can no longer be received after the benefits claimant return home country.

【Table of contents】

Ministry of Health Labour and Welfare, Labour Standards Bureau,
Compensation Division

出典：厚生労働省ホームページ「外国人向け労災保険給付パンフレット　英語　第1編　表紙」https://www.mhlw.go.jp/new-info/kobetu/roudou/gyousei/rousai/gaikoku-pamphlet.html

❷ 健康保険（Health insurance）

業務中又は通勤中の怪我や病気に対しては，❶で説明したとおり，労災保険から保険給付がなされます。一方で，それ以外の理由による怪我や病気に対しては，健康保険から保険給付がなされます。つまり，労災保険でカバーしきれない部分が全て，健康保険の対象となるという位置付けとなっています。

条文上の表現を用いると，健康保険とは，労働者とその被扶養者の業務災害以外の負傷，疾病，死亡又は出産に対して保険給付を行うもの，とされています。

（1）適用される労働者・届出手続

健康保険と❸で説明する厚生年金保険は，「社会保険」に関する届出として，一つの書類でまとめて手続きを行うことになります。

原則として，当該事業場においてフルタイムで働く労働者と，パートタイム労働者のうち，フルタイムで働く労働者の労働時間の4分の3以上働く労働者が対象となります。つまり，所定労働時間が1日8時間・週40時間の職場であれば，所定労働時間が週30時間以上であるかどうかが，適用対象の目安ということになります。

ですから，週28時間の制限がある「資格外活動許可」を得て働く留学生などについては，原則として適用対象外となるケースが多いです。

適用対象となる外国籍労働者の方を雇用した際には，**『健康保険・厚生年金保険被保険者取得届』**と**『被保険者ローマ字氏名届』**を，事業所を管轄する年金事務所に対して提出します。

また，扶養対象となる家族がいる場合には，**『被扶養者届』**も併せて提出します。

なお，健康保険法の改正により，2020年4月以降は，被扶養者の認定基準に国内居住要件が追加されます。つまり，外国籍労働者の家族が海外に居住している場合は，健康保険における被扶養者とは認定されないため，注意が必要です。

【参考】

様式コード			
2	2	0	0

健康保険
厚生年金保険

被保険者資格取得届

（兼）厚生年金保険 70歳以上被用者該当届

常務理事	事務長	課長	係長	主査	係

受付印

令和　　年　　月　　日提出

提出者記入欄		
	健康保険被保険者証記号	
	厚生年金保険事業所整理記号	－ 　事業所番号
	事業所所在地	届書記入の個人番号に誤りがないことを確認しました。 〒　－
	事業所名称	
	事業主氏名	印
	電話番号	（　　）

社会保険労務士記載欄｜氏名等
印

被保険者1							
① 被保険者整理番号		② 氏名	(フリガナ) （氏）　（名）	③ 生年月日	5.昭和 7.平成 9.令和　年　月　日	④ 種別	1.男 2.女 5.男｜基金 6.女｜基金
⑤ 取得区分	1.健保・厚年	⑥ 個人番号〔基礎年金番号〕		⑦ 取得（該当）年月日	9.令和　年　月　日	⑧ 被扶養者	0.無 1.有
⑨ 報酬月額	㋐ 通貨　円 ㋑ 現物　円	㋒ 合計（㋐+㋑）　円		⑩ 備考	1.70歳以上被用者該当　3.短時間労働者の取得（特定適用事業所等） 2.二以上事業所勤務者の取得　4.退職後の嘱託再雇用者の取得 5.その他（　）		
⑪ 住所	〒　－ 日本年金機構への提出→個人番号を記入した場合は記入は不要。						

被保険者2							
① 被保険者整理記号		② 氏名	(フリガナ) （氏）　（名）	③ 生年月日	5.昭和 7.平成 9.令和　年　月　日	④ 種別	1.男 2.女 5.男｜基金 6.女｜基金
⑤ 取得区分	1.健保・厚年	⑥ 個人番号〔基礎年金番号〕		⑦ 取得（該当）年月日	9.令和　年　月　日	⑧ 被扶養者	0.無 1.有
⑨ 報酬月額	㋐ 通貨　円 ㋑ 現物　円	㋒ 合計（㋐+㋑）　円		⑩ 備考	1.70歳以上被用者該当　3.短時間労働者の取得（特定適用事業所等） 2.二以上事業所勤務者の取得　4.退職後の嘱託再雇用者の取得 5.その他（　）		
⑪ 住所	〒　－ 日本年金機構への提出→個人番号を記入した場合は記入は不要。						

被保険者3							
① 被保険者整理記号		② 氏名	(フリガナ) （氏）　（名）	③ 生年月日	5.昭和 7.平成 9.令和　年　月　日	④ 種別	1.男 2.女 5.男｜基金 6.女｜基金
⑤ 取得区分	1.健保・厚年	⑥ 個人番号〔基礎年金番号〕		⑦ 取得（該当）年月日	9.令和　年　月　日	⑧ 被扶養者	0.無 1.有
⑨ 報酬月額	㋐ 通貨　円 ㋑ 現物　円	㋒ 合計（㋐+㋑）　円		⑩ 備考	1.70歳以上被用者該当　3.短時間労働者の取得（特定適用事業所等） 2.二以上事業所勤務者の取得　4.退職後の嘱託再雇用者の取得 5.その他（　）		
⑪ 住所	〒　－ 日本年金機構への提出→個人番号を記入した場合は記入は不要。						

被保険者4							
① 被保険者整理記号		② 氏名	(フリガナ) （氏）　（名）	③ 生年月日	5.昭和 7.平成 9.令和　年　月　日	④ 種別	1.男 2.女 5.男｜基金 6.女｜基金
⑤ 取得区分	1.健保・厚年	⑥ 個人番号〔基礎年金番号〕		⑦ 取得（該当）年月日	9.令和　年　月　日	⑧ 被扶養者	0.無 1.有
⑨ 報酬月額	㋐ 通貨　円 ㋑ 現物　円	㋒ 合計（㋐+㋑）　円		⑩ 備考	1.70歳以上被用者該当　3.短時間労働者の取得（特定適用事業所等） 2.二以上事業所勤務者の取得　4.退職後の嘱託再雇用者の取得 5.その他（　）		
⑪ 住所	〒　－ 日本年金機構への提出→個人番号を記入した場合は記入は不要。						

※⑪住所欄は健康保険分は記入してください。

パッケージ工業健康保険組合

出典：日本年金機構ホームページ

【参考】

72073

グループ長 課長	担当者

厚生年金保険被保険者　ローマ字氏名届

年金手帳の基礎年金番号	生年月日（西暦）	性別	住民票の有無
	年　月　日	1 男 2 女	1 無 2 有

被保険者氏名	
ローマ字氏名記入欄	（フリガナ） （ローマ字）

※「漢字氏名」「通称名」をお持ちの方は、下記の欄に記入してください(記入は任意です)。

漢字氏名記入欄	（フリガナ） （氏）	（名）
通称名記入欄	（フリガナ） （氏）	（名）

※当該被保険者がローマ字氏名をお持ちでない場合は、その理由をチェック(✔)してください。

理由記入欄	□短期在留者であるため □海外に住所を有している者であるため □在留カード(または特別永住者証明書)にローマ字氏名が記載されていないため □その他　理由（　　　　　）

【記入上の注意】
1 「住民票の有無」欄は、該当する番号を〇で囲んでください。
2 フリガナは、被保険者資格取得届に記入したものと同じフリガナを記入してください。
3 ローマ字氏名は、在留カード若しくは特別永住者証明書又は住民票に記載されているローマ字氏名を大文字で記入してください。なお、ローマ字氏名をお持ちでない方については、「ローマ字氏名欄」に被保険者資格取得届等に記載したカナ氏名を記入のうえ、「理由記入欄」に その理由を記入してください。
4 事業主の押印については、署名(自筆)の場合は省略できます。

	令和　年　月　日 提出
事業所所在地	〒　－
事業所名称	
事業主氏名	㊞
電話番号	（　　）　－

社会保険労務士の提出代行者印	
	㊞

年金事務所受付印　　事務センター受付印

出典：日本年金機構ホームページ

【参考】

様式コード 2202

協会管掌事業所用

健康保険 被扶養者（異動）届
国民年金 第3号被保険者関係届

令和　年　月　日提出

事業主記入欄

事業所整理記号	—
事業所所在地	届書記入の個人番号(基礎年金番号)に誤りがないことを確認しました。 〒　—
事業所名称	
事業主氏名	印
電話番号	（　）
事業主確認欄	事業主が確認した場合に○で囲んでください。 確認 収入に関する証明の添付が省略されている者は、所得税法上の控除対象配偶者・扶養親族であることを確認しました。

厚生年金被保険者の配偶者にかかる届出記載がある場合、同時に『国民年金第3号被保険者関係届』として受理し、配偶者を第3号被保険者に、第2号被保険者を配偶者として読み替えます。

受付印

社会保険労務士記載欄
氏名等　印

事業主等受付年月日　令和　年　月　日

A. 被保険者欄

① 被保険者整理番号	
② 氏名	(ﾌﾘｶﾞﾅ) (氏)　(名)　印
③ 生年月日	5. 昭和 7. 平成 9. 令和　年　月　日
④ 性別	1. 男　2. 女
⑤ 個人番号[基礎年金番号]	
⑥ 取得年月日	5. 昭和 7. 平成 9. 令和　年　月　日
⑦ 収入(年収)	円
⑧ 住所	個人番号を記入した場合は、住所記入は不要です。 〒　—

配偶者が被扶養者(第3号被保険者)になった場合は「該当」、被扶養者でなくなった場合は「非該当」、変更の場合は「変更」を○で囲んでください。

※事業主が、認定を受ける方の続柄を裏面(a)の書類で確認した場合は、B欄⑬（又はC欄⑬）の「続柄確認済み」の□に✓を付してください。（添付書類については裏面(a)(b)参照）

B. 配偶者である被扶養者欄（第3号被保険者）

① 氏名	第3号被保険者に関し、この届書記載のとおり届出します。 令和　年　月　日 (ﾌﾘｶﾞﾅ) (氏名)　印 ※第3号被保険者関係届の提出は配偶者(第2号被保険者)に委任します □
② 生年月日	5. 昭和 7. 平成 9. 令和　年　月　日
③ 性別(続柄)	1. 夫　3. 夫(未届) 2. 妻　4. 妻(未届)
④ 個人番号[基礎年金番号]	
⑤ 外国籍	
⑥ 外国人通称名	(ﾌﾘｶﾞﾅ)
⑦ 住所	同居・別居　〒　—
⑧ 電話番号	1. 自宅　2. 携帯　3. 勤務先　4. その他 （　）
該当 ⑨ 被扶養者(第3号被保険者)になった日	9. 令和　年　月　日
⑩ 理由	1. 配偶者の就職　4. 収入減少 2. 婚姻　5. その他 3. 離職　（　）
⑪ 職業	1. 無職　4. その他 2. パート（　） 3. 年金受給者
⑫ 収入(年収)	円
非該当（変更） ⑬ 被扶養者(第3号被保険者)でなくなった日	9. 令和　年　月　日
⑭ 理由	1. 死亡（令和　年　月　日） 2. 離婚　4. 75歳到達　6. その他 3. 就職・収入増加　5. 障害認定（　）
⑮ 備考	※ 続柄確認済み □
種別	31

⑯ 被扶養者でない配偶者を有するときに記入してください。　配偶者の収入(年収)　円

配偶者以外の方が被扶養者になった場合は「該当」、被扶養者でなくなった場合は「非該当」、変更の場合は「変更」を○で囲んでください。

C. その他の被扶養者欄 1

① 氏名	(ﾌﾘｶﾞﾅ) (氏)　(名)
② 生年月日	5. 昭和 7. 平成 9. 令和　年　月　日
③ 性別	1.男　2.女
④ 続柄	1. 実子・養子　6. 兄姉 2. 1以外の子　7. 祖父母 3. 父母・養父母　8. 曽祖父母 4. 義父母　9. 孫 5. 弟妹　10. その他
⑤ 個人番号	
⑥ 住所	1. 同居 2. 別居（　）
該当 ⑦ 被扶養者になった日	9. 令和　年　月　日
⑧ 職業	1.無職　4.小・中学生以下 2.パート　5.高・大学生（　年生） 3.年金受給者　6.その他（　）
⑨ 収入(年収)	円
⑩ 理由	1. 出生　4. 同居 2. 離職　5. その他 3. 収入減（　）
非該当（変更） ⑪ 被扶養者でなくなった日	9. 令和　年　月　日
⑫ 理由	1. 死亡　3. 収入増加　5. 障害認定 2. 就職　4. 75歳到達　6. その他（　）
⑬ 備考	※ 続柄確認済み □

C. その他の被扶養者欄 2

① 氏名	(ﾌﾘｶﾞﾅ) (氏)　(名)
② 生年月日	5. 昭和 7. 平成 9. 令和　年　月　日
③ 性別	1.男　2.女
④ 続柄	1. 実子・養子　6. 兄姉 2. 1以外の子　7. 祖父母 3. 父母・養父母　8. 曽祖父母 4. 義父母　9. 孫 5. 弟妹　10. その他
⑤ 個人番号	
⑥ 住所	1. 同居 2. 別居（　）
該当 ⑦ 被扶養者になった日	9. 令和　年　月　日
⑧ 職業	1.無職　4.小・中学生以下 2.パート　5.高・大学生（　年生） 3.年金受給者　6.その他（　）
⑨ 収入(年収)	円
⑩ 理由	1. 出生　4. 同居 2. 離職　5. その他 3. 収入減（　）
非該当（変更） ⑪ 被扶養者でなくなった日	9. 令和　年　月　日
⑫ 理由	1. 死亡　3. 収入増加　5. 障害認定 2. 就職　4. 75歳到達　6. その他（　）
⑬ 備考	※ 続柄確認済み □

C. その他の被扶養者欄 3

① 氏名	(ﾌﾘｶﾞﾅ) (氏)　(名)
② 生年月日	5. 昭和 7. 平成 9. 令和　年　月　日
③ 性別	1.男　2.女
④ 続柄	1. 実子・養子　6. 兄姉 2. 1以外の子　7. 祖父母 3. 父母・養父母　8. 曽祖父母 4. 義父母　9. 孫 5. 弟妹　10. その他
⑤ 個人番号	
⑥ 住所	1. 同居 2. 別居（　）
該当 ⑦ 被扶養者になった日	9. 令和　年　月　日
⑧ 職業	1.無職　4.小・中学生以下 2.パート　5.高・大学生（　年生） 3.年金受給者　6.その他（　）
⑨ 収入(年収)	円
⑩ 理由	1. 出生　4. 同居 2. 離職　5. その他 3. 収入減（　）
非該当（変更） ⑪ 被扶養者でなくなった日	9. 令和　年　月　日
⑫ 理由	1. 死亡　3. 収入増加　5. 障害認定 2. 就職　4. 75歳到達　6. その他（　）
⑬ 備考	※ 続柄確認済み □

被扶養者の「該当」と「非該当（変更）」は同時に提出できません。「該当」、「非該当」、「変更」はそれぞれ別の用紙で提出してください。

扶養に関する申立書（添付書類の内容について補足する事項がある場合に記入してください）

申立の事実に相違ありません。　氏名　印

1810 1031 013

出典：日本年金機構ホームページ

(2) 保険料

健康保険料は，労働者の給与額に応じて変わります。具体的には，一定のタイミングで決定された給与額（「標準報酬月額」）を，「保険料額表」に当てはめて計算します。そのため，労働時間に応じて各月の給与額が変動しても，健康保険料の額は原則として変わりません。この点は，厚生年金保険料額についても同様です。

保険料額表は，組合健康保険についてはそれぞれの組合ごとに，全国健康保険協会管掌健康保険（協会けんぽ）については都道府県ごとに，定められています。

次の表は，協会けんぽの東京都の保険料額表（平成 31 年 4 月～）です。なお，40 歳以上 65 歳未満の労働者は，健康保険料と併せて，介護保険料を支払う必要があります。

健康保険料 9.90% と介護保険料 1.73% を，会社と労働者がそれぞれ半分ずつ負担します。

表9 〉平成31年4月分（5月納付分）からの健康保険・厚生年金保険の保険料額表

・健康保険料率：平成30年3月分～　適用　　・厚生年金保険料率：平成29年9月分～　適用　　・介護保険料率：平成31年3月分～　適用
(東京都)

標準報酬		報酬月額			全国健康保険協会管掌健康保険料	
					介護保険第2号被保険者に該当しない場合	
					9.90%	
等級	月額				全額	折半額
		円以上		円未満		
1	58,000			63,000	5,742.0	2,871.0
2	68,000	63,000	～	73,000	6,732.0	3,366.0
3	78,000	73,000	～	83,000	7,722.0	3,861.0
4(1)	88,000	83,000	～	93,000	8,712.0	4,356.0
5(2)	98,000	93,000	～	101,000	9,702.0	4,851.0
6(3)	104,000	101,000	～	107,000	10,296.0	5,148.0
7(4)	110,000	107,000	～	114,000	10,890.0	5,445.0
8(5)	118,000	114,000	～	122,000	11,682.0	5,841.0
9(6)	126,000	122,000	～	130,000	12,474.0	6,237.0
10(7)	134,000	130,000	～	138,000	13,266.0	6,633.0
11(8)	142,000	138,000	～	146,000	14,058.0	7,029.0
12(9)	150,000	146,000	～	155,000	14,850.0	7,425.0
13(10)	160,000	155,000	～	165,000	15,840.0	7,920.0
14(11)	170,000	165,000	～	175,000	16,830.0	8,415.0
15(12)	180,000	175,000	～	185,000	17,820.0	8,910.0
16(13)	190,000	185,000	～	195,000	18,810.0	9,405.0
17(14)	200,000	195,000	～	210,000	19,800.0	9,900.0
18(15)	220,000	210,000	～	230,000	21,780.0	10,890.0
19(16)	240,000	230,000	～	250,000	23,760.0	11,880.0
20(17)	260,000	250,000	～	270,000	25,740.0	12,870.0
21(18)	280,000	270,000	～	290,000	27,720.0	13,860.0
22(19)	300,000	290,000	～	310,000	29,700.0	14,850.0
23(20)	320,000	310,000	～	330,000	31,680.0	15,840.0
24(21)	340,000	330,000	～	350,000	33,660.0	16,830.0
25(22)	360,000	350,000	～	370,000	35,640.0	17,820.0
26(23)	380,000	370,000	～	395,000	37,620.0	18,810.0
27(24)	410,000	395,000	～	425,000	40,590.0	20,295.0
28(25)	440,000	425,000	～	455,000	43,560.0	21,780.0
29(26)	470,000	455,000	～	485,000	46,530.0	23,265.0
30(27)	500,000	485,000	～	515,000	49,500.0	24,750.0
31(28)	530,000	515,000	～	545,000	52,470.0	26,235.0
32(29)	560,000	545,000	～	575,000	55,440.0	27,720.0
33(30)	590,000	575,000	～	605,000	58,410.0	29,205.0
34(31)	620,000	605,000		635,000	61,380.0	30,690.0
35	650,000	635,000	～	665,000	64,350.0	32,175.0
36	680,000	665,000	～	695,000	67,320.0	33,660.0
37	710,000	695,000	～	730,000	70,290.0	35,145.0
38	750,000	730,000	～	770,000	74,250.0	37,125.0
39	790,000	770,000	～	810,000	78,210.0	39,105.0
40	830,000	810,000	～	855,000	82,170.0	41,085.0
41	880,000	855,000	～	905,000	87,120.0	43,560.0
42	930,000	905,000	～	955,000	92,070.0	46,035.0
43	980,000	955,000	～	1,005,000	97,020.0	48,510.0
44	1,030,000	1,005,000	～	1,055,000	101,970.0	50,985.0
45	1,090,000	1,055,000	～	1,115,000	107,910.0	53,955.0
46	1,150,000	1,115,000	～	1,175,000	113,850.0	56,925.0
47	1,210,000	1,175,000	～	1,235,000	119,790.0	59,895.0
48	1,270,000	1,235,000	～	1,295,000	125,730.0	62,865.0
49	1,330,000	1,295,000	～	1,355,000	131,670.0	65,835.0
50	1,390,000	1,355,000	～		137,610.0	68,805.0

◆介護保険第2号被保険者は、40歳から64歳までの方であり、健康保険料率(9.90%)に介護保険料率(1.73%)が加わります。
◆等級欄の(　)内の数字は、厚生年金保険の標準報酬月額等級です。
　4(1)等級の「報酬月額」欄は、厚生年金保険の場合「93,000円未満」と読み替えてください。
　34(31)等級の「報酬月額」欄は、厚生年金保険の場合「605,000円以上」と読み替えてください。
◆平成31年度における全国健康保険協会の任意継続被保険者について、標準報酬月額の上限は、300,000円です。

出典：全国健康保険協会ホームページ

・子ども・子育て拠出金率：平成31年4月分～　適用

（単位：円）

全国健康保険協会管掌健康保険料		厚生年金保険料（厚生年金基金加入員を除く）	
介護保険第2号被保険者に該当する場合		一般、坑内員・船員	
11.63%		18.300%※	
全 額	折半額	全 額	折半額
6,745.4	3,372.7		
7,908.4	3,954.2		
9,071.4	4,535.7		
10,234.4	5,117.2	16,104.00	8,052.00
11,397.4	5,698.7	17,934.00	8,967.00
12,095.2	6,047.6	19,032.00	9,516.00
12,793.0	6,396.5	20,130.00	10,065.00
13,723.4	6,861.7	21,594.00	10,797.00
14,653.8	7,326.9	23,058.00	11,529.00
15,584.2	7,792.1	24,522.00	12,261.00
16,514.6	8,257.3	25,986.00	12,993.00
17,445.0	8,722.5	27,450.00	13,725.00
18,608.0	9,304.0	29,280.00	14,640.00
19,771.0	9,885.5	31,110.00	15,555.00
20,934.0	10,467.0	32,940.00	16,470.00
22,097.0	11,048.5	34,770.00	17,385.00
23,260.0	11,630.0	36,600.00	18,300.00
25,586.0	12,793.0	40,260.00	20,130.00
27,912.0	13,956.0	43,920.00	21,960.00
30,238.0	15,119.0	47,580.00	23,790.00
32,564.0	16,282.0	51,240.00	25,620.00
34,890.0	17,445.0	54,900.00	27,450.00
37,216.0	18,608.0	58,560.00	29,280.00
39,542.0	19,771.0	62,220.00	31,110.00
41,868.0	20,934.0	65,880.00	32,940.00
44,194.0	22,097.0	69,540.00	34,770.00
47,683.0	23,841.5	75,030.00	37,515.00
51,172.0	25,586.0	80,520.00	40,260.00
54,661.0	27,330.5	86,010.00	43,005.00
58,150.0	29,075.0	91,500.00	45,750.00
61,639.0	30,819.5	96,990.00	48,495.00
65,128.0	32,564.0	102,480.00	51,240.00
68,617.0	34,308.5	107,970.00	53,985.00
72,106.0	36,053.0	113,460.00	56,730.00
75,595.0	37,797.5		
79,084.0	39,542.0		
82,573.0	41,286.5		
87,225.0	43,612.5		
91,877.0	45,938.5		
96,529.0	48,264.5		
102,344.0	51,172.0		
108,159.0	54,079.5		
113,974.0	56,987.0		
119,789.0	59,894.5		
126,767.0	63,383.5		
133,745.0	66,872.5		
140,723.0	70,361.5		
147,701.0	73,850.5		
154,679.0	77,339.5		
161,657.0	80,828.5		

※厚生年金基金に加入している方の定められている厚生年金保険料率は、基金ごとに定められている免除保険料率（2.4%～5.0%）を控除した率となります。

加入する基金ごとに異なりますので、免除保険料率および厚生年金基金の掛金については、加入する厚生年金基金にお問い合わせください。

○被保険者負担分（表の折半額の欄）に円未満の端数がある場合

①事業主が、給与から被保険者負担分を控除する場合、被保険者負担分の端数が50銭以下の場合は切り捨て、50銭を超える場合は切り上げて1円となります。

②被保険者が、被保険者負担分を事業主へ現金で支払う場合、被保険者負担分の端数が50銭未満の場合は切り捨て、50銭以上の場合は切り上げて1円となります。

（注）①、②にかかわらず、事業主と被保険者間で特約がある場合には、特約に基づき端数処理をすることができます。

○納入告知書の保険料額

納入告知書の保険料額は、被保険者個々の保険料額を合算した金額になります。ただし、合算した金額に円未満の端数がある場合は、その端数を切り捨てた額となります。

○賞与にかかる保険料額

賞与に係る保険料額は、賞与額から1,000円未満の端数を切り捨てた額（標準賞与額）に、保険料率を乗じた額となります。
また、標準賞与額の上限は、健康保険は年間573万円（毎年4月1日から翌年3月31日までの累計額。）となり、厚生年金保険と子ども・子育て拠出金の場合は月間150万円となります。

○子ども・子育て拠出金

事業主の方は、児童手当の支給に要する費用等の一部として、子ども・子育て拠出金を負担いただくことになります。（被保険者の負担はありません。）
この子ども・子育て拠出金の額は、被保険者個々の厚生年金保険の標準報酬月額および標準賞与額に、拠出金率（0.34%）を乗じて得た額の総額となります。

（3）給付内容

労働者が業務以外の理由で怪我や病気をした場合，その治療に対して「療養の給付」が支給されます。現在，病院の受付で保険証を提示することで，自己負担が原則として３割負担となりますが，残りの７割については健康保険の保険者から支給されている，ということになります。

治療のために会社を休んだ場合には，「傷病手当金」が支給されます。最大で１年６か月間，給料の３分の２程度が支給されるようなイメージです。

また，出産した際には一時金として「出産育児一時金」が，出産のために会社を休んだ期間については「出産手当金」が支給されます。死亡した場合には，「埋葬料」が支給されます。

健康保険に関して，外国籍労働者を雇用管理する上で行わなければならないのは，次の３点です。

１点目は，雇入れの際に，健康保険制度の仕組みと請求手続について説明しておくこと，**２点目**は，怪我や病気が発生した際に，請求手続を十分にサポートすることです。特に，労働者の休業を伴う「傷病手当金」や「出産手当金」などについては，会社の側で出勤や給与の支払いにかかる実績を書類に記入する手続きが求められます。

そして**３点目**は，給料から健康保険料が控除されることについて，労働者が理解できるように説明しておくことです。これは，労働者負担が発生する健康保険・厚生年金保険・雇用保険に共通することですが，特に健康保険と厚生年金保険については，併せて給与の約15％程度が額面額から控除されることになるため，丁寧に説明しておかなければなりません。

3 厚生年金保険（Welfare pension insurance）

厚生年金保険は，労働者及びその遺族の生活の安定と福祉の向上に寄与することを目的として，労働者の老齢，障害，死亡に対して保険給付を行うものです。

（1）適用労働者の範囲・届出

適用対象者の範囲は，❷の健康保険と同じです。届出についても，健康保険と同時の手続きで完結します。

（2）保険料

厚生年金保険の保険料は，原則として健康保険の保険料と同じ仕組みで決定されます。

（3）給付内容

労働者が65歳以上になった場合には「老齢年金」が，一定の障害状態に該当した場合には「障害年金」が，死亡した場合にはその遺族に対して「遺族年金」が，支払われます。

老齢年金については，平成29年10月以降，支給要件期間が25年から10年に短縮されました。後述しますが，この老齢年金の支給要件を満たさずに帰国する外国籍労働者の方は，支払った年金の還付請求を行うことができます。この点は，入退社の際に説明しなければならない事項のうち，最も重要だと考えられます。給与から控除されるもののうち年金は最も額が大きく，一方で，健康保険などと異なり給付のメリットが感じにくいためです。そこで，「脱退一時金」の仕組みを知っておくことが大切です。

（4）脱退一時金（Lump-sum Withdrawal Payment）について

外国籍労働者に特有の権利として，支払った年金の還付請求権があります。老齢厚生年金の受給要件は10年（2017年8月以降，従来の25年から短縮）です。10年未満で日本から出国し，そのまま日本には戻らない外国籍労働者については，掛け捨て防止のため，帰国後に支払った年金の還付を請求することができます。

請求日は，「日本国内に住所を有しなくなった日から2年以内」となっており，退職した場合であっても，日本国内にいる間は請求ができません。要件をまとめると次のとおりです。

① 厚生年金の加入期間の合計が6か月以上あること

② 日本国籍を有していないこと
③ 日本国内に住所を有していないこと
④ 老齢厚生年金の受給権を有していないこと
⑤ 障害年金などの年金を受給したことがないこと

なお，老齢年金の受給資格期間が10年に短縮されたことに伴い，説明にあたっては，次の内容を踏まえて請求するか否かを検討するよう伝えるのが望ましいです。

> (1) 脱退一時金の支給を受けた場合，脱退一時金の額の計算の基礎となった期間は被保険者でなかったものとみなされるため，将来，老齢年金を受給する可能性がある場合には，請求するかしないか十分検討する必要があります。
> (2) 社会保障協定のうち，被保険者期間の通算規定を有するものの相手国の年金制度に加入していた期間がある場合には，それらの期間を通算することで，老齢年金を受給できる場合があります。

現在，還付対象となるのは最大3年分ですが，外国籍労働者の受入拡大に伴い，最大5年分までとする法案の提出が検討されているようです。日本の年金制度に年金を納付することに抵抗を感じる外国籍労働者の方も非常に多くいますので，こうした制度について十分に把握しておき，了承を得ることが大切です。

(5) 社会保障協定について

社会保障協定を締結している相手国とは，年金の二重加入防止，加入期間の通算が可能です。二種類の社会保障協定があるので，どの国との間にどちらの，若しくは両方の，協定が締結されているのか確認しておきましょう。

❶ 二重加入防止

相手国への派遣期間が5年を超えない見込みの場合，当該期間中は相手国の法令の適用を免除して自国の法令のみを適用します。5年を超える見込みの場合には，相手国の法令のみを適用します。

❷ 加入期間の通算

両国間の年金制度への加入期間を通算して，年金を受給するために必要な期間以上であれば，それぞれの国の制度への加入期間に応じた年金が，それぞれの国の制度から受けられます。

2019 年 10 月時点での社会保障協定の締結状況は以下のとおりです。

○協定が発行済
ドイツ，イギリス，韓国，アメリカ，ベルギー，フランス，カナダ，オーストラリア，オランダ，チェコ，スペイン，アイルランド，ブラジル，スイス，ハンガリー，インド，ルクセンブルク，フィリピン，スロバキア，中国
○署名済
イタリア，スウェーデン，フィンランド

4 雇用保険（Employment insurance）

雇用保険は，労働者の生活及び雇用の安定と，就職の促進を目的としており，給付の内容としては，労働者が離職した場合の失業等給付などがあります。

(1) 適用される労働者・届出手続

雇用保険についても，国籍要件はありませんが，労災保険とは異なり，適用事業所に雇用される労働者であっても，全員が適用労働者となるわけではありません。具体的には，次の要件を満たしている必要があります。

① 週の所定労働時間が 20 時間以上であること
② 同一の事業主に連続して 31 日以上雇用されることが見込まれること

昼間学校に通っている学生は，雇用保険の適用対象外です。また，在留資格「特定活動」のうち，ワーキングホリデーの場合も対象外です。

【参考】

様式第2号

雇用保険被保険者資格取得届

標準字体 0 1 2 3 4 5 6 7 8 9

（必ず第２面の注意事項を読んでから記載してください。）

（この用紙は、このまま機械で処理しますので、汚さないようにしてください。）

帳票種別 17101

1. 個人番号

2. 被保険者番号

3. 取得区分（1 新規　2 再取得）

4. 被保険者氏名　フリガナ（カタカナ）

5. 変更後の氏名　フリガナ（カタカナ）

6. 性別（1 男　2 女）

7. 生年月日　元号　年　月　日（2 大正　3 昭和　4 平成　5 令和）

8. 事業所番号

9. 被保険者となったことの原因

1 新規雇用（新規学卒）
2 新規（その他）雇用
3 日雇からの切替
4 その他
8 出向元への復帰等（65歳以上）

10. 賃金（支払の態様－賃金月額：単位千円）　百万　十万　万　千円（1 月給　2 週給　3 日給　4 時間給　5 その他）

11. 資格取得年月日　元号　年　月　日（4 平成　5 令和）

12. 雇用形態（1 日雇　2 派遣　3 パートタイム　4 有期契約労働者　5 季節的雇用　6 船員　7 その他）

13. 職種（01～11）第２面参照

14. 就職経路（1 安定所紹介　2 自己就職　3 民間紹介　4 把握していない）

15. １週間の所定労働時間　時間　分

16. 契約期間の定め

1 有 ― 契約期間　元号　年　月　日　から　元号　年　月　日　まで（4 平成　5 令和）
契約更新条項の有無（1 有　2 無）
2 無

事業所名〔　　〕　　備考〔　　〕

17欄から22欄までは、被保険者が外国人の場合のみ記入してください。

17. 被保険者氏名（ローマ字）（アルファベット大文字で記入してください。）

被保険者氏名〔続き（ローマ字）〕

18. 国籍・地域（　　）

19. 在留資格（　　）

20. 在留期間　西暦　年　月　日　まで

21. 資格外活動許可の有無（1 有　2 無）

22. 派遣・請負就労区分（1 派遣・請負労働者として主として当該事業所以外で就労する場合　2 1に該当しない場合）

※公共職業安定所記載欄

23. 取得時被保険者種類〔1 一般　2 短期常態　3 季節　11 高年齢被保険者（65歳以上）〕

24. 番号複数取得チェック不要（チェック・リストが出力されたが、調査の結果、同一人でなかった場合に「1」を記入。）

25. 国籍・地域コード（18欄に対応するコードを記入）

26. 在留資格コード（19欄に対応するコードを記入）

雇用保険法施行規則第6条第1項の規定により上記のとおり届けます。

令和　年　月　日

事業主
住　所
氏　名　　記名押印又は署名　印
電話番号

公共職業安定所長　殿

社会保険労務士記載欄	作成年月日・提出代行者・事務代理者の表示	氏　名	電話番号
		印	

※所長		次長		課長		係長		係		操作者	

※備考

確認通知　令和　年　月　日

2019. 5

届出手続としては，**『雇用保険被保険者資格取得届』**を雇用開始月の翌月10日までに公共職業安定所（ハローワーク）に提出します。

外国籍労働者の場合，日本国籍労働者の際に記入する箇所に加えて，「17. 被保険者氏名（ローマ字）」「18. 国籍・地域」「19. 在留資格」「20. 在留期間」「21. 資格外活動許可の有無」「22. 派遣・請負就労区分」にも記入が必要です。記載内容については，必ず，在留カード等によって確認してください。

なお，ハローワークの提供しているインターネットサービスは，内容が充実しており使いやすいものとなっています。各種届出書類のダウンロードや，フォーム上での入力が可能となっています[12]。

(2) 保険料

雇用保険料は，労災保険料と同様に，労働者に支払う給与額に，雇用保険料率を乗じて算出されます。雇用保険料率は，業種によって異なります。

	雇用保険料率	事業主負担	労働者負担
一般の事業	9/1,000	6/1,000	3/1,000
農林水産・清酒製造の事業	11/1,000	7/1,000	4/1,000
建設の事業	12/1,000	8/1,000	4/1,000

(3) 給付内容

労災保険と同様に，制度の仕組みと請求手続について労働者が理解できるように説明しておくことが大切です。雇用保険の給付内容の詳細については，ハローワークの窓口で案内を受けることができます。雇用保険の場合，健康保険・厚生年金保険同様，額は小さいですが，労働者にも毎月の保険料負担が発生することになります。そのため，何のための保険料なのか，概要を理解してもらうことが最も重要だといえます。

12　ハローワークインターネットサービス（https://www.hellowork.mhlw.go.jp/）

【参考】「離職した方へ」（For those separated from Employment）

(for job-seekers)

➤For those separated from Employment≺

◆ **This pamphlet explains important considerations for those who were recently separated from employment; for details, please contact your local PESO. Please also reference the backside of 「separation from employment format - 2 」.**

① Job-seeker allowance under the Unemployment Insurance

As a part of Unemployment Insurance benefits in support of the unemployed, a 'Job-seeker allowance' is available for those currently unemployed, so they may live steadily, engage in job-search activities, and be re-employed even a day sooner. The 'Job-seeker allowance' is classified into the 'Basic allowance', intended for general beneficiaries; the 'Senior job-seeker continued allowance' intended for senior-aged beneficiaries（※１）; and 'Special one-time allowance' intended for short-term specialized employees who are beneficiaries（※２）. Procedures for claiming these benefits are indicated below, where those for 'Basic allowance' are presented as a primary example:

※1　The insured aged 65 or over neither insured seasonal laborers nor insured day laborers

※2　Those whose employment is defined by seasonal projects; therefore employment status is defined by seasons.

Those unemployed who can work immediately, please follow Recipient Qualification Procedures	Those unemployed who can not work due to – illness, child-birth or child-rearing - please apply for Extention of Recipient Period
⇩	⇩
Please refer to ② and thereafter	Please refer to P.4 clause ⑩

② Definition of 'those unemployed who can work immediately'

Those separated from employment, possessing both a strong will, and capabilities to be re-empoyed – in light of health & family status, who despite aggressive job search activities remain unemployed.

③ Those who fit the following descriptions are un-qualified to receive 'Job-seeker' allowance

The 'Job-seeker allowance'（Basic allowance & others）is intended to support those seeking re-employment. As such, in principle, those who fit the following descriptions are not qualified to receive the benefit. However, there may be exceptions, so please visit your local PESO office, if any questions.

Those who are:

① Focused on household chores
② Focused on academic pursuets, such as being a day-time student, or equivalent
③ Occupied with family-business, and unable to be employed otherwise
④ Self-employed, or about to be self-employed
⑤ Next employment has been decided
⑥ Wish to be employed in short-term work that are unqualified for Unemployment Benefits
⑦ Operating business under own name
⑧ Assigned a company Director（including planned assignment as well as assignment 'in name only'）
⑨ Employed（including those under trial period）
⑩ Part-time or hourly workers
⑪ Repeats cycle of being employed, and separated again and again, with the same business establishment.

Ministry of Health, Labour and Welfare　Hello work

PL300326 保 01

出典：厚生労働省ホームページ
https://www.mhlw.go.jp/file/06-Seisakujouhou-11600000-Shokugyouanteikyoku/0000198944.pdf

【参考】「雇用保険マニュアル」（Unemployment Insurance Benefit Manual）

Attention jobseekers: **Please read the following in order to properly receive benefits.**

Unemployment Insurance Benefit Manual

Date of confirmation as a qualified recipient	Heisei Year Month Day		Day for recognition of unemployment
Beneficiary number	□□ — □□□□□□ — □		Week Type
Name			Day of week

◎ **The following is the time and date for your explanitory seminar on employment insurance.**

Time and date for explanitory seminar on employment insurance:	Month Day（Day of week ）：

※ Please bring the items marked with a circle to the seminar.

1 Unemployment Insurance Benefit Manual
2 Writing materials
3 Financial Institution Payment Designation Form , savings book or bank book (in the name of the person to receive benefits)
4 〈Number〉 photograph(s) (3 x 2.5cm, upper body only)
5 Driver' s license or Basic Resident Register Card (with photo) (Mariner' s pocket ledgers are acceptable for mariners)
6 Certificate of Items Stated in Resident Register (Copy of certificate of residence and seal registration certificate) National health insurance card or insurance card
7 Other（ ）

◎ **The following is your first day for recognition of unemployment:**

First day for recognition of unemployment:	Month Day (Day of week) ：

※ Please be sure to bring the followings on your day for recognition of unemployment
Employment Insurance Qualified Recipient' s Identification Card, application for recognition of unemployment, other（ ）

Please contact Hello Work before hand if you will be unable to attend the explanitory seminar on employment insurance.

※ Please understand that when applying for qualified recipient benefits, time you are covered by employment insurance before the date of application will not be included into later calculations for allowance requirements, whether or not basic allowances or other benefits were received.

※ If you have any questions, feel free to contact us.

※ Parking spaces are limited, please use public transportation if possible when visiting

Hello Work (Public employment security office) Employment Security Bureau, Ministry of Health, Labour and Welfare

PL281024保02

出典：厚生労働省ホームページ
https://jsite.mhlw.go.jp/kanagawa-roudoukyoku/var/rev0/0116/7483/0000140640.pdf

雇用保険の周知にあたって利用できるツールとして，厚生労働省のハンドブックなどがあります[13]。

3 労働施策総合推進法に基づく外国人雇用状況の届出

外国籍労働者を雇い入れた際と外国籍労働者が離職した際には，ハローワークへの届出が義務付けられています（労働施策総合推進法第28条）（ただし，在留資格が「特別永住者」「公用」「外交」の方については不要）。

この届出については，当該労働者が雇用保険の被保険者であるか否かによって，書類・期限などの手続きに違いがあります。

この届出を怠ったり，虚偽の届出を行ったりした事業主には，30万円以下の罰金が課されることがあります（労働施策総合推進法第40条）。

(1) 雇用保険被保険者の場合

『雇用保険被保険者資格取得届』の提出で足ります。雇入れ時の届出期限は翌月10日，離職の届出期限は10日以内です。

(2) 雇用保険被保険者でない者の場合

『様式第３号』の届出が必要です。雇入れ時・離職時のいずれも，届出期限は，翌月末日です。

---

13 その他参考として「適用手引き（英語版）」(https://www.mhlw.go.jp/file/06-Seisakujouhou-11600000-Shokugyouanteikyoku/0000155871.pdf)

【参考】

様式第３号（第10条関係）（表面）

雇入れ／離職 に係る外国人雇用状況届出書

フリガナ（カタカナ）			
①外国人の氏名（ローマ字）	姓	名	ミドルネーム
②①の者の在留資格		③①の者の在留期間（期限）（西暦）	年　月　日 まで
④①の者の生年月日（西暦）	年　月　日	⑤①の者の性別	1 男 ・ 2 女
⑥①の者の国籍・地域		⑦①の者の資格外活動許可の有無	1 有 ・ 2 無

雇入れ年月日（西暦）	年　月　日	離職年月日（西暦）	年　月　日
	年　月　日		年　月　日
	年　月　日		年　月　日

労働施策の総合的な推進並びに労働者の雇用の安定及び職業生活の充実等に関する法律施行規則第10条第３項の規定により上記のとおり届けます。

年　月　日

事業主	事業所の名称、所在地、電話番号等	雇入れ又は離職に係る事業所　雇用保険適用事業所番号 □□□□-□□□□□□-□ （名称）　①の者が主として左記以外の事業所で就労する場合 □ （所在地）　TEL 主たる事務所 （名称） （所在地）　TEL
	氏名	印

社会保険労務士記載欄	作成年月日・提出代行者・事務代理者の表示	氏名
		印

公共職業安定所長　殿

出典：厚生労働省ホームページ

4 就業規則の整備と周知・雇用契約を締結するときの注意事項

労働者が10名以上の事業場においては，就業規則の作成・届出が義務付けられています。労働者が10名未満の事業場においても，職場のルールとなる就業規則を作成しておくことが望ましいです。外国籍労働者を雇用するにあたって特に必要となると思われる項目を整理しておきましょう。

1 就業規則の整備

（1）就業規則の記載事項

就業規則の記載事項には，いかなる場合でも必ず記載しなければならない「絶対的必要記載事項」と，定めを設けた場合には記載しなければならない「相対的必要記載事項」があります。そのほか，定めを設けた場合であっても，記載しても記載しなくてもいい「任意的記載事項」があります。

絶対的必要事項は，次の3項目です。

① 始業及び終業の時刻，休憩時間，休日，休暇，労働者を2組以上に分けて交代制で勤務させる場合は就業時転換に関する事項（交代期日や交代順序など）

② 賃金の決定，計算及び支払いの方法，賃金の締切り及び支払いの時期，昇給に関する事項

③ 退職に関する事項

相対的必要事項は，次の8項目です。

① 退職手当に関する事項

② 臨時の賃金，最低賃金額に関する事項

③ 労働者負担の食費，作業用品等に関する事項

④ 安全及び衛生に関する事項

⑤ 職業訓練に関する事項

⑥ 災害補償等に関する事項

⑦　表彰及び制裁の種類や程度に関する事項

⑧　そのほか，事業場で働く労働者の全てに適用される定めをおく場合，当該事項

(2) 就業規則の周知・説明

外国籍労働者を雇い入れる際には，当該労働者に対して，母国語へ翻訳した就業規則を提供することが望ましいです。翻訳の際には，なるべく平易でわかりやすい表現になるよう工夫しましょう。

厚生労働省のホームページで，英語，中国語，ポルトガル語，ベトナム語版のモデル就業規則が公開されていますので，適宜活用してください。

いずれも 2013 年，2014 年の日本語版のモデル就業規則に対応した内容となっているので，利用にあたっては最新の法改正に対応しているかどうか必ず確認するようにしてください[14]。

就業規則は，作成・届出をするだけでは足りず，その内容を労働者に周知しなければ，効力が発生しないとされています。

具体的な周知の方法としては，以下の方法があります。

①　各作業場の見やすい場所に掲示する，若しくは備え付ける

②　書面で労働者に交付する

③　電子データとして記録し，労働者がその記録を常時確認できるようにパソコン等の機器を各作業場に設置する

上記のような周知措置を講じたうえで，外国籍労働者に対してはさらに，当該労働者の母国語で，就業規則の内容について説明を行うなど，内容を適切に理解してもらうための取組みが重要になります。労働環境の向上に繋がり，後のトラブル防止にも有効です。

その際，「労働者が就業規則に内容について理解した」旨，書面で保存しておくのも一つの手です。労働契約の際に就業規則の説明を行うのであれ

14　最新の法改正に対応した就業規則の整備は，社会保険労務士（筆者）などの専門家にご依頼されることをお勧めします。

ば，労働契約書に「就業規則の内容を理解した」という欄を設けるのもよいでしょう。

【例】

> 私は，就業規則の内容について○月○日，使用者より説明を受け，その内容について理解しました。
> ○年○月○日　氏名＿＿＿＿＿＿＿＿＿＿＿＿＿＿＿＿

（3）外国籍労働者を雇用する際に追加した方がよい項目

外国籍労働者を新たに雇用することになった場合に，就業規則に追加した方がよいと考えられる項目をいくつか挙げておきます。これ以外にも，形骸化している規定を見直すなど，就業規則全体を改めてレビューする機会とするのもよいかもしれません。

なお，就業規則を変更する場合には，変更後の就業規則に労働者の過半数代表者の意見書を添付して，事業所を管轄する労働基準監督署に届け出る必要があります。

【規程例】

○採用選考時／入社時の提出書類

> 第○条
> 就業を希望する者／採用を決定された者は，次の書類を提出しなければならない。
> …
> ○在留カード（原本を提示）（日本国籍以外の者に限る）
> ○パスポート（原本を提示）（日本国籍以外の者に限る）
> …

なお，「そのほか，会社の指示する書類」というような包括条項でも対応が可能です。

○退職事由

第○条
　従業員は，次の各号に該当する場合は，退職とする。
　　…
　○外国籍従業員の在留資格が満了又は失効し，就労することができなくなったとき
　　…

○解雇事由

第○条
　会社は，次の各号に該当する場合は社員を解雇することがある。
　　…
　○在留資格に関する事項について，会社に虚偽の申告・説明をしていたことが判明したとき
　　…

○副業・兼業

第○条
　労働者は，勤務時間外において，他の会社等の業務に従事することができる。
2　労働者は，前項の業務に従事するにあたっては，事前に，会社に届け出るものとする。

3　第1項の業務に従事することによって次の各号のいずれかに該当する可能性があると会社が判断した場合には，会社は，他の会社等での業務に従事することを禁止又は制限することができる。

…

○在留資格「留学」「家族滞在」の労働者が，他の会社等での労働時間と通算して週28時間を超える場合

…

労働者の副業・兼業については，在留資格が**「留学」「家族滞在」**の外国籍労働者を資格外活動によってアルバイト雇用するなどの場合に，「週28時間」ルールに違反することのないよう，事前の届出制にしておくことが望ましいです。

また，就業規則には「服務規律」という項目があります。簡単にいうと基本的な社内ルールを定めるもので，一般的な事項の記載にとどめている会社も多いと思います。文化の異なる外国籍労働者を受け入れる際には，日本人が当たり前の常識と思っていることが当該労働者にとってはそうではない場合も多くあります。事前にトラブルを想定して，明確化しておくことも重要であると考えられます。

2 「雇用契約」の締結にあたって

雇用契約の締結にあたっては，外国籍労働者との間で労働条件等を合意する必要があります。

（1）労働条件の通知，雇用契約締結

労働条件の通知は，次のような労働条件通知書によって行います（厚生労働省ホームページ「モデル労働条件通知書」）。

労働契約を締結する際には，必ず定めをおいたうえで明示しなければならない「絶対的明示事項」と，定めがある場合には明示しなければならない

「相対的明示事項」があります。

絶対的明示事項は，次の７つです。

① 労働契約の期間に関する事項
② 期間の定めのある労働契約を更新する場合の基準に関する事項
③ 終業の場所及び従事すべき業務に関する事項
④ 始業及び終業の時刻，所定労働時間を超える労働の有無，休憩時間，休日，休暇，労働者を２組以上に分けて交代制で勤務させる場合は就業時転換に関する事項（交代期日や交代順序など）
⑤ 賃金の決定，計算及び支払いの方法，賃金の締切り及び支払いの時期
⑥ 退職に関する事項
⑦ 昇給に関する事項

このうち，⑦昇給に関する事項以外の６つについては，書面の交付等の方法により明示する必要があります。

相対的明示事項は，次の８つです。

① 退職手当に関する事項
② 臨時に支払われる賃金等に関する事項
③ 労働者負担の食費，作業用品等に関する事項
④ 安全及び衛生に関する事項
⑤ 職業訓練に関する事項
⑥ 災害補償等に関する事項
⑦ 表彰及び制裁の種類や程度に関する事項
⑧ 休職に関する事項

労働条件通知書を元に事業主と労働者との間で労働条件について合意できた場合，雇用契約を締結します。雇用契約書は，上記の通知書をベースとして，事業主と労働者の署名押印欄を設ける形で作成することができます。

その際，労働契約の内容として，在留資格の特約条項を設けておくことが望ましいです。

具体的には，外国籍労働者が就労資格を取得することを雇用契約開始の条件とし（停止条件），一方で，将来，就労資格の在留期間更新許可を得られ

【参考】

Notice of Employment
労働条件通知書

To: ______________________________ 殿

Date: ______________________________
年月日

Company's name ______________________________
事業場名称（ローマ字で記入）

Company's address ______________________________
所在地（ローマ字で記入）

Telephone number ______________________________
電話番号

Employer's name ______________________________
使用者職氏名（ローマ字で記入）

I. Term of employment
契約期間

Non-fixed, 　Fixed* 　(From 　to 　)
期間の定めなし　期間の定めあり（※）（　年　月　日　～　年　月　日）

[If the employee is eligible for an exception under the Act on Special Measures for Fixed-term contract Workers with Specialized Knowledge, etc.]
【有期雇用特別措置法による特例の対象者の場合】

Period in which the right to apply for conversion to indefinite term status is not granted: I (highly skilled professional), II (elderly person after retirement age)
無期転換申込権が発生しない期間：Ⅰ（高度専門）・Ⅱ（定年後の高齢者）

I. Period from beginning to end of specific fixed-term task (　months from ______ [maximum of 10 years])
Ⅰ 特定有期業務の開始から完了までの期間（　年　か月（上限10年））

II. Period of continuous employment after reaching mandatory retirement age
Ⅱ 定年後引き続いて雇用されている期間

II. Place of Employment
就業の場所

III. Contents of duties
従事すべき業務の内容

If the employee is eligible for an exception under the Act on Special Measures for Fixed-term contract Workers with Specialized Knowledge, etc. (highly skilled professional)
【有期雇用特別措置法による特例の対象者（高度専門）の場合】

• Specific fixed-term task (　Start date: 　End date: 　)
・特定有期業務（　開始日：　完了日：　）

IV. Working hours, etc.
労働時間等

1. Opening and closing time:
始業・終業の時刻等

(1) Opening time (　) Closing time (　)
始業（　時　分）終業（　時　分）

[If the following systems apply to workers]
【以下のような制度が労働者に適用される場合】

(2) Irregular labor system, etc.: Depending on the following combination of duty hours as an irregular (　) unit work or shift system.
変形労働時間制等；（　）単位の変形労働時間制・交代制として、次の勤務時間の組み合わせによる。

— Opening time (　) Closing time (　) (Day applied: 　)
始業（　時　分）終業（　時　分）（適用日　）

— Opening time (　) Closing time (　) (Day applied: 　)
始業（　時　分）終業（　時　分）（適用日　）

— Opening time (　) Closing time (　) (Day applied: 　)
始業（　時　分）終業（　時　分）（適用日　）

(3) Flex time system: Workers determine opening and closing time.
フレックスタイム制；始業及び終業の時刻は労働者の決定に委ねる。

[However, 　flex time: 　(opening) from (　) to (　);
（ただし、フレキシブルタイム　（始業）（　）時（　）分から（　）時（　）分、
(closing) from (　) to (　)
（終業）（　）時（　）分から（　）時（　）分、
Core time: 　from (opening) (　) to (closing) (　)]
コアタイム　（　）時（　）分から（　）時（　）分）

(4) System of deemed working hours outside workplace: Opening (　) Closing (　)
事業場外みなし労働時間制；始業（　時　分）終業（　時　分）

(5) Discretionary labor system: As determined by workers based on opening (　) closing (　)
裁量労働制；始業（　時　分）終業（　時　分）を基本とし、労働者の決定に委ねる。

○ Details are stipulated in Article (　), Article (　), Article (　) of the Rules of Employment
詳細は、就業規則第（　）条～第（　）条、第（　）条～第（　）条、第（　）条～第（　）条

2. Rest period ( ) minutes
休憩時間（ ）分
3. Presence of overtime work (Yes: No:)
所定時間外労働の有無（ 有 ， 無 ）

V. **Days off**
休日

- Regular days off: Every ( ), national holidays, others ( )
定例日；毎週( )曜日、国民の祝日、その他（ ）
- Additional days off: ( ) days per week/month, others ( )
非定例日；週・月当たり( )日、その他（ ）
- In the case of irregular labor system for each year: ( ) days
１年単位の変形労働時間制の場合－年間( )日

○ Details are stipulated in Article ( ), Article ( ), Article ( ) of the Rules of Employment
詳細は、就業規則第( )条～第( )条、第( )条～第( )条、第( )条～第( )条

VI. **Leave**
休暇

1. Annual paid leave: Those working continuously for 6 months or more, ( ) days
年次有給休暇 ６か月継続勤務した場合→( )日
Those working continuously up to 6 months, (Yes: No:)
継続勤務６か月以内の年次有給休暇 （ 有 ， 無 ）
→ After a lapse of ( ) months, ( ) days
( )か月経過で( )日
Annual paid leave (in hours) (Yes: No:)
時間単位年休 （ 有 ， 無 ）
2. Substitute days off (Yes: No:)
代替休暇 （ 有 ， 無 ）
3. Other leave: Paid ( )
その他の休暇 有給 （ ）
Unpaid ( )
無給 （ ）

○ Details are stipulated in Article ( ), Article ( ), Article ( ) of the Rules of Employment
詳細は、就業規則 第( )条～第( )条、第( )条～第( )条、第( )条～第( )条

VII. **Wages**
賃金

1. Basic pay (a) Monthly wage (yen) (b) Daily wage (yen)
基本賃金 月給（ 円） 日給（ 円）
(c) Hourly wage (yen)
時間給（ 円）
(d) Payment by job (Basic pay: yen: Security pay: yen)
出来高給（基本単価 円、保障給 円）
(e) Others (yen)
その他（ 円）
(f) Wage ranking stipulated in the Rules of Employment
就業規則に規定されている賃金等級等
2. Amount and calculation method for various allowances
諸手当の額及び計算方法
(a) (allowance: yen; Calculation method:)
（ 手当 円／ 計算方法： ）
(b) (allowance: yen; Calculation method:)
（ 手当 円／ 計算方法： ）
(c) (allowance: yen; Calculation method:)
（ 手当 円／ 計算方法： ）
(d) (allowance: yen; Calculation method:)
（ 手当 円／ 計算方法： ）
3. Additional pay rate for overtime, holiday work or night work
所定時間外、休日又は深夜労働に対して支払われる割増賃金率
(a) Overtime work: Legal overtime 60 hours or less per month ( )% over 60 hours per month ( )% Fixed overtime ( )%
所定時間外 法定超 月60時間以内（ ）% 月60時間超（ ）% 所定超（ ）%
(b) Holiday work: Legal holiday work ( )% Non-legal holiday work ( )%
休日 法定休日（ ）% 法定外休日（ ）%
(c) Night work ( )%
深夜（ ）%
4. Closing day of pay roll : ( )－( ) of every month;( )－( ) of every month
賃金締切日 （ ）－ 毎月( )日、（ ）－ 毎月( )日
5. Pay day : ( )－( ) of every month;( )－( ) of every month
賃金支払日 （ ）－ 毎月( )日、（ ）－ 毎月( )日
6. Method of wage payment ( )
賃金の支払方法（ ）

7. Deduction from wages in accordance with labor-management agreement: [No: Yes: ( )]
労使協定に基づく賃金支払時の控除 (無 , 有 ( ))

8. Wage raise: (Time, etc.)
昇給 (時期等)

9. Bonus: [Yes: (Time and amount, etc.); No:]
賞与 (有 (時期、金額等), 無)

10. Retirement allowance: [Yes: (Time and amount, etc.) ; No:]
退職金 (有 (時期、金額等), 無)

VIII. Items concerning retirement
退職に関する事項

1. Retirement age system [Yes: (old) ; No:]
定年制 (有 (歳), 無)

2. Continued employment scheme [Yes: (Up to years of age); No:]
継続雇用制度 (有 (歳まで), 無)

3. Procedure for retirement for personal reasons [Notification should be made no less than ( ) days before the retirement.]
自己都合退職の手続 (退職する ( )日以上前に届け出ること)

4. Reasons and procedure for the dismissal:
解雇の事由及び手続

[ ]

○ Details are stipulated in Article ( ), Article ( ), Article ( ) of the Rules of Employment
詳細は、就業規則第 ( )条~第 ( )条、 第 ( )条~第 ( )条、 第 ( )条~第 ( )条

IX. Others
その他

• Joining social insurance [Employees' pension insurance; Health insurance; Employees' pension fund; other: ( )]
社会保険の加入状況 (厚生年金 健康保険 厚生年金基金 その他 ( ))

• Application of employment insurance: (Yes: No:)
雇用保険の適用 (有 , 無)

• Consultation office for items concerning improvement of employment management, etc.
雇用管理の改善等に関する事項に係る相談窓口

Name of office ( ) Person in charge ( ) (Tel. No.)
部署名 ( ) 担当者職氏名 ( )(連絡先)

• Others [ ]
その他

*To be entered in case where, with regard to "Period of contract," you answered: "There is a provision for a certain period."
(※)「契約期間」について「期間の定めあり」とした場合に記入

Renewal
更新の有無

1. Renewal of contract
契約の更新の有無

[• The contract shall be automatically renewed. • The contract may be renewed.
(自動的に更新する 更新する場合があり得る

• The contract is not renewable. • Others ( )]
契約の更新はしない その他 ( ))

2. Renewal of the contract shall be determined by the following factors:
契約の更新は次により判断する。

[• Volume of work to be done at the time the term of contract expires
契約期間満了時の業務量

• Employee's work record and work attitude • Employee's capability
勤務成績、態度 能力

• Business performance of the Company • State of progress of the work done by the employee • Others( )
会社の経営状況 従事している業務の進捗状況 その他( )]

*The following explains cases where a "defined period" is provided with regard to the "period of contract."
※以下は、「契約期間」について「期間の定めあり」とした場合についての説明です。

In accordance with the provision of Article 18 of the Labor Contract Act, in case the total period of a labor contract with a defined period (to commence on or after April 1, 2013) exceeds five consecutive years, such labor contract shall be converted to a labor contract without a definite period, effective the day after the last day of the former period of contract, upon the request of the worker concerned made by the last day of said period of contract. However, if the employee is eligible for an exception under the Act on Special Measures for Fixed-term contract Workers with Specialized Knowledge, etc., this period of "five years" will become the period provided for the "term of employment" in this Notice.
労働契約法第18条の規定により、有期労働契約 (2013年4月1日以降に開始するもの) の契約期間が通算5年を超える場合には、労働契約の期間の末日までに労働者から申込みをすることにより、当該労働契約の期間の末日の翌日から期間の定めのない労働契約に転換されます。ただし、有期雇用特別措置法による特例の対象となる場合は、この「5年」という期間は、本通知書の「契約期間」欄に明示したとおりとなります。

Employee (signature) ____________________
受け取り人 (署名)

* Matters other than those mentioned above shall be in accordance with the labor regulations of our company.
※以上のほかは、当社就業規則による。
* The issuance of this Notice shall serve as the "clear indication of working conditions" stipulated in Article 15 of the Labor Standards Act and "delivery of documents" stipulated in Article 6 of the Act on Improvement etc. of Employment Management for Part-Time Workers.
※本通知書の交付は、労働基準法第15条に基づく労働条件の明示及び短時間労働者の雇用管理の改善等に関する法律第6条に基づく文書の交付を兼ねるものであること。
* The notice on labor conditions should be retained for the purpose of preventing any possible disputes between employees and an employer.
※労働条件通知書については、労使間の紛争の未然防止のため、保存しておくことをお勧めします。

ず，入管法上就労を継続できない場合には契約を解除する条件を付しておく（解除条件）などの方法によります。

さらに，契約締結時には，在留カードの原本の提示を受けて原本を確認したうえで，コピーをとって保管しておくようにしましょう。

3 労働時間

法定労働時間の遵守と，長時間労働の削減は日本国籍労働者と同様に求められます。外国籍労働者の場合，加えて，以下の点に留意が必要です。

(1) 資格外活動でアルバイト雇用する場合（「原則1週28時間以内」の注意義務，確認義務）

「留学生」は生活のために原則1週28時間以内（夏期休暇等は1日8時間まで）であれば，「資格外活動許可」を得て就労が認められています。

管轄の地方出入国在留管理局から認められた就労範囲に違反した場合，本人だけでなく，雇用している事業主の側も，処罰の対象となるリスクがあるので十分な注意が必要です。「不法就労助長罪」として，3年以下の懲役若しくは300万円以下の罰金が課せられる可能性があります（5ページ参照）。

雇用する際，必ず確認するようにしてください。

確認にあたっては，在留カード裏面の「資格外活動許可欄」を確認します。また，**「資格外活動許可証」**を確認します。

4 休日，休暇

外国籍労働者の現地の休暇・休日に配慮した有給休暇の取得計画を定める必要があります。また，帰国にあたって当該労働者が帰国費用を支弁できない場合には，援助するよう配慮が必要です。

【参考】

日本国政府法務省

資 格 外 活 動 許 可 書

許可番号　　　　　　　　　号

1　国　籍＿＿＿＿＿＿　　2　氏　　名＿＿＿＿＿＿＿＿＿＿

3　性別　男・女　　4　生年月日＿＿＿年＿＿月＿＿日

5　日本における居住地＿＿＿＿＿＿＿＿＿＿＿＿＿＿＿＿

6　旅　券(番　号)＿＿＿＿＿＿＿＿

7　上陸(在留)許可年月日＿＿＿＿年＿＿月＿＿日

8　現に有する在留資格＿＿＿＿　在留期間＿＿　在留期間満了日＿＿年＿月＿日

9　外国人登録証明書番号＿＿＿＿＿＿

10　現在の在留活動の内容(受入れ機関がある場合にはその名称)

＿＿＿＿＿＿＿＿＿＿＿＿＿＿＿＿＿＿＿＿＿＿＿＿＿＿

11　新たに許可された活動の内容

12　許可の制限＿＿＿＿年＿＿月＿＿日まで

出入国管理及び難民認定法第19条第2項の規定に基づき，上記の活動内容に従事することを許可します。

ただし、上記の活動を行う際は、本許可書を携帯しなければなりません。

年　　月　　日

入 国 管 理 局 長

(注) 用紙の大きさは，日本工業規格A列5番とする。

出典：法務省ホームページ

5　賃金規定について

労働基準法第3条では，国籍を理由に，賃金，労働時間その他の労働条件について差別的な取扱いをすることを禁止しています。

この労働基準法上の均等待遇の要請に加えて，上陸許可基準においても，日本国籍労働者と同等の賃金水準が求められます。

「技術・人文知識・国際業務」「企業内転勤」の在留資格については，上陸許可基準を定めた上陸基準省令において，「日本人が従事する場合に受ける報酬と同等額以上の報酬を受けること」という報酬要件が設けられています。

6　「特定技能」で雇用する際の雇用契約の要件性

2019年4月より新たに創設された在留資格「特定技能」は，一定の専門性と技能を有する，いわば即戦力となる人材に対して付与されるものです。この在留資格によって外国籍労働者を日本に招聘し，雇用する場合には，雇用契約（「特定技能雇用契約」）の内容が，以下の基準を満たしている必要があります。

ア　業務内容

当該分野において**相当程度**の知識もしくは経験を必要とする技能を要する業務，または，当該分野において**熟練した**技能を要する業務に外国人を従事させるものであること。

（※「相当程度」が第1号特定技能に，「熟練」が第2号特定技能にあたります）

イ　所定労働時間

外国籍労働者の所定労働時間が，その企業で雇用されている通常の労働者の所定労働時間と同等であること。

ウ　報酬

外国籍労働者に対する報酬の額が，日本国籍労働者が従事する場合の報酬の額と同等以上であること。

（※比較対象は，一般的な平均値ではなく，その企業で同じ業務に従事する日本人の給与額です。）

エ　差別的取り扱いの禁止

外国籍であることを理由として，報酬の決定，教育訓練の実施，福利厚生施設の利用その他の待遇について，差別的な取扱いをしていないこと。

オ　休暇への配慮

外国籍労働者が一時帰国を希望した場合には，必要な有給休暇を取得させるものとしていること。

カ　労働者派遣

外国籍の者を労働者派遣の対象とする場合は，当該労働者が労働者派遣をされることとなる会社の名称，住所，その派遣の期間が定められていること。

キ　その他

そのほか，法務大臣が告示で定める特定の分野に係るものにあっては，当該分野を所管する関係行政機関の長が，法務大臣と協議の上，当該分野に特有の事情に鑑みて告示で定める基準に適合すること。

https://search.e-gov.go.jp/servlet/PcmFileDownload?seqNo=0000181686

7　雇用労務責任者の選任

外国籍労働者（永住者・特別永住者を除く）を常時10人以上雇用するようになったら，「**雇用労務責任者**」を選任しなければなりません。人事課長等を指名することが多いです。雇用労務責任者の選任については，届出などは必要ありません。

なお，「常時10人以上」の考え方ですが，これは，10人以上の外国籍労働者が働いていることが常態であることを指します。そのため，普段は10人以上働いているが，一時的に複数名が離職したために10名未満となったような状態も含むことになります。一方で，繁忙期（例：稲刈りの季節）のみ一時的に10名以上となるような場合は，「常時」とは言いません。雇用労務責任者の選任にあたっては，そこまで厳密な線引きは求められませんが，就業規則の作成義務要件でも出てくる項目なので，参考にしてください。

雇用労務責任者に行わせる管理事項等としては，次のようなものがあります。指針の内容を実行する責任者，と考えてください。

> ①　国外で直接募集する場合の公共職業安定所への事前の届出
> ②　外国人労働者の職業紹介事業の許可を受けた者からの国外あっせんの受入れ（労働者供給事業・労働者派遣事業にあたらないもの）
> ③　賃金関係事項の説明等（雇入通知書の交付，賃金の決定と支払方法，社会保険料の控除等の取扱い）
> ④　適正な労働時間の管理（法定労働時間の遵守，週休日の確保）と労働基準法等関係法令の周知
> ⑤　労働者名簿，賃金台帳の調整
> ⑥　当該労働者の権利に属する金品の返還
> ⑦　安全衛生教育，健康診断，健康指導及び健康相談の実施
> ⑧　社会保険制度の周知と給付請求の援助
> ⑨　福利厚生施設の利用の保障，生活指導，能力開発訓練の実施
> ⑩　解雇の予防，再就職の援助及び帰国・在留資格の変更等の援助
> ⑪　外国人雇用状況届出書の提出

5　外国人雇用管理指針の概要

本章の冒頭でご紹介した外国人雇用管理指針のうち，事業主が対応しなければならない以下のポイントを押さえましょう。

①　外国人労働者の募集及び採用の適正化
②　適正な労働条件の確保
③　安全衛生の確保
④　労働・社会保険の適用等

⑤　適切な人事管理，教育訓練，福利厚生等

⑥　解雇等の予防及び再就職の援助

⑦　労働者派遣又は請負を行う事業主に係る留意事項

ここでは，①〜⑤を中心にまとめます（指針全体を確認したい場合は，巻末資料参照）。

1　外国籍労働者の募集及び採用の適正化

（1）募集

外国籍労働者を募集するにあたっては，募集に応じようとする方に対し，業務の内容，労働契約の期間，就業の場所，労働時間や休日，賃金，労働・社会保険の適用に関する事項について，書面を交付する方法によって明示しなければなりません。本人が希望する場合には，メールで送信することも可能です。明示する際には，平易な日本語や，外国籍労働者の母国語を用いるなどして，本人が内容を理解できるように工夫しましょう。

募集に応じようとする方が日本国外に居住している場合は，渡航・帰国費用をどちらが負担するか，会社が負担するとすればその金額，勤務開始後の住居の確保などといった詳細についても，入国後に認識の食い違いからトラブルが生じないように，あらかじめ明確にしておきましょう。

労働契約の締結の段階で，募集の際に明示した事項を変更したり，特定したりする場合には，変更箇所対照表を渡すなどの方法によって明示する必要があります。労働者が内容を理解できるようための工夫が必要な点は，募集の際と同じです。

（2）採用

外国籍労働者を採用する際には，従事させる予定の業務に就くことが「在留資格上」認められていることを，あらかじめ確認しなければなりません。従事することが認められない者を採用してはいけません。この点を怠った場合，事業主も，**不法就労助長罪に問われる可能性**があります。

在留資格で認められている範囲内で，外国籍労働者がその有する能力を有

効に発揮できるよう，公平な採用選考に努めなければなりません。特に，永住者や定住者など，身分に基づく在留資格を有する方については，活動内容に制限がないことに留意してください。

2 適正な労働条件の確保

(1) 均等待遇

国籍を理由として，賃金，労働時間その他の労働条件について差別的取扱いをしてはなりません（労働基準法第３条）。

(2) 労働条件の明示

労働契約の締結にあたっては，主要な労働条件について，労働者が理解できるように内容を明らかにした書面を交付しなければなりません（本人が希望する場合には，メールによる送信も可能）。モデル労働条件通知書やモデル就業規則を活用したり，母国語で説明したりするなど，内容が適切に伝える必要があります。

賃金については，賃金の計算や支払方法などはもちろんですが，税金や労働保険料・社会保険料などが差し引かれるということを説明する必要があります。どのような項目が控除され，労働者が実際に受け取る金額が大体いくらになるのか，契約段階で説明しておく必要があります。

(3) 賃金の支払い

労働者に対し，最低賃金法が規定する最低賃金額以上の賃金を支払うことはもとより，基本給・割増賃金含めた賃金の全額を支払わなければなりません。労使協定に基づいて食費や居住費などを賃金から控除する場合は，実費を勘案した額とし，不当な額としてはなりません。

(4) 適正な労働時間の管理

法定労働時間，時間外・休日労働の上限規制の遵守，週休日の確保をはじめ，適正な労働管理を行わなければなりません。労働時間を把握するにあたっては，日本国籍労働者同様，タイムカードなどの客観的な方法によることが望ましいです。

年次有給休暇を与えるにあたって，時季指定を行う（あらかじめ事業主が定めた時季に有給休暇を取得させる）場合には，時季について外国籍労働者の意見を聴き，尊重するよう努めなければなりません。当該外国籍労働者の出身国の休暇等について，事前に話し合って把握しておくことが望ましいです。

(5) 労働基準法等の周知

労働基準法のうち重要な項目，就業規則の内容，労使協定の内容を労働者に知らせなければなりません。特に，就業規則は，周知させて初めて効力が生じるとされています。わかりやすい説明書や行政機関作成の多言語対応の広報資料を用いたり，母国語を用いたりするなど，外国籍労働者が理解できるような配慮が必要です。

(6) 労働者名簿等の調製

労働者名簿，賃金台帳，年次有給休暇管理簿を作成する際には，外国籍労働者の家族の住所，緊急時の連絡先を把握しておくようにしましょう。

(7) 金品の返還等

外国籍労働者のパスポートや在留カードなどを保管することは禁じられています。内容を確認した後は，必ずコピーをとって，原本は本人に返却しましょう。たとえ本人からの申し出があったとしても，原本を預かることは避けましょう。

(8) 寄宿舎

事業の付属寄宿舎に外国籍労働者を寄宿させる場合，換気，採光，照明，保温，防湿，清潔，避難，定員の収容，就寝に必要な措置その他の労働者の健康，風紀及び生命の保持に必要な措置を講じなければなりません（日本国籍労働者の場合と同様）。新しい在留資格「特定技能」では，居室についての具体的な面積要件が定められています。特に他の外国籍労働者と同居しているケースでは十分に注意が必要です。

3 安全衛生の確保

(1) 安全衛生教育の実施

労働安全衛生法等の定めるところにより外国籍労働者に対して安全衛生教育を実施するにあたっては，母国語等を用いる，視聴覚教材を用いる等，当該外国籍労働者がその内容を理解できる方法により行う必要があります。特に，外国人労働者に使用させる機械等，原材料等の危険性又は有害性及びこれらの取扱方法等が確実に理解されるような工夫が必要です。

(2) 労働災害防止のための日本語教育等の実施

外国籍労働者が労働災害防止のための指示などを理解することができるようにするため，必要な日本語や，基本的な合図等を習得してもらうようにしなければなりません。

(3) 労働災害防止に関する標識，掲示等

事業場内における労働災害防止に関する標識や掲示などについて，図解するなどして，外国籍労働者が内容を理解できる方法を工夫しましょう。

(4) 健康診断の実施等

労働安全衛生法等の定めるところにより，外国籍労働者に対して健康診断，面接指導及びストレスチェックを実施しなければなりません。実施にあたっては，これらの目的・内容を，母国語等を用いるなどして，当該外国籍労働者が理解できる方法により説明しなければなりません。また，外国籍労働者に対してこれらの結果に基づく事後措置を実施するときは，当該結果，事後措置の必要性，内容を，当該外国人労働者が理解できる方法により説明しなければなりません。

(5) 健康指導及び健康相談の実施

産業医，衛生管理者などを活用し，外国籍労働者に対して健康指導及び健康相談を行わなければなりません。また，新しい在留資格「特定技能」では，雇い入れる会社が「健康状況その他の生活状況把握のための必要な措置」を講ずること，本人の「健康状態が良好であること」が要件とされています。

(6) 母性保護等に関する措置の実施

女性である外国籍労働者に対して，労働基準法，男女雇用機会均等法等の定めるところにより，産前・産後休業，妊娠中の外国人労働者が請求した際の軽易な業務への転換，妊産婦である労働者が請求した場合の時間外労働等の制限，妊娠中及び出産後の健康管理に関する措置等，必要な措置を講じなければなりません。

(7) 労働安全衛生法等の周知

労働安全衛生法等の定めるところにより，その内容について周知しなければなりませんが，その際，わかりやすい説明書を用いる，母国語等を用いて説明する等，外国籍労働者の理解を促進するため必要な配慮をしなければなりません。

4　労働・社会保険の適用等

(1) 制度の周知及び必要な手続きの履行等

労働保険・社会保険に関する法令の内容及び保険給付の請求手続について，雇入れの際に，案内するよう努めなければなりません。その際，行政機関が作成している多言語対応の広報資料等を活用する，母国語等を用いて説明するなど，労働者が理解できる方法を取ることが大切です。

雇用する労働者が被保険者に該当する場合，必要な手続き（適用の届出など）を取らなければなりません。

さらに，健康保険・厚生年金保険の適用事業所の事業主は，外国籍労働者の離職の際には，遅滞なく被保険者証を回収するとともに，国民健康保険・国民年金への切り替えが必要な場合にはその手続きについて案内するよう努める必要があります。

健康保険，厚生年金保険の適用とならない事業所の事業主は，外国籍労働者とその家族が国民健康保険・国民年金の適用の手続きを行えるように，母国語で手続きを説明したり，市区町村等の相談窓口を案内し，必要に応じて同行したりするなど，必要な援助を行うようにしましょう。

(2) 保険給付の請求等についての援助

❶ 雇用保険

離職の際，労働者本人への離職票の交付など，必要な手続きを行うとともに，失業給付を受給するための公共職業安定所の窓口を伝えるなど，必要なサポートを行うよう努めなければなりません。

❷ 労働者災害補償保険

労働災害等が発生した場合には，請求手続に関して労働者やその家族からの相談に応じなければなりません。労働者やその家族が自ら手続きを行うことが困難な場合にあっては，必要なサポートを行うよう努めなければなりません。

❸ 健康保険

傷病手当金の支給要件などについて労働者に案内するよう努めなければなりません。

❹ 国民年金・厚生年金保険

障害年金の支給要件などについて労働者に伝えるよう努めなければなりません。

また，被保険者期間が半年（6か月）以上ある外国籍労働者が帰国する場合には，脱退一時金が請求できることと，その請求手続について，帰国前に説明し，年金事務所などの窓口を教えるなどする必要があります。

5 適切な人事管理，教育訓練，福利厚生等

(1) 適切な人事管理

外国籍労働者が円滑に職場に適応できるよう，社内規定や社内文書を多言語化するなどといった職場における円滑なコミュニケーションの前提となる条件を整備することが必要です。

また，外国籍労働者が職場での評価や待遇に納得して働くことができるよう，職場で求められる資質や能力などといった社員像の明確化，評価・賃金決定，配置等の人事管理に関する運用の透明性・公正性を確保するなど，多様な人材が能力発揮しやすい環境の整備に努めなければなりません。

その際，ハローワークからの雇用管理に関する助言・指導を踏まえて，適切に対応しなければなりません。

(2) 生活支援

外国籍労働者が円滑に日本社会に対応できるよう，日本語教育や，日本の生活習慣・文化・風習・雇用慣行などについて理解を深めるための支援を行うとともに，外国籍労働者が地域社会における行事や活動に参加する機会を設けるように努めなければなりません。また，居住している地域周辺の行政機関や医療機関，金融機関などに関する情報を提供したり，必要に応じて同行したりするなど，居住地域において安心して日常生活又は社会生活を営むために必要な支援を行うよう努めなければなりません。

(3) 苦情・相談体制の整備

外国籍労働者からの苦情や相談を受け付ける窓口を設置するなど体制を整備し，日本における生活上・職業上の苦情や相談等に対応するよう努めるとともに，必要に応じて，行政機関の設ける相談窓口についても教示するようにしてください。

(4) 教育訓練の実施等

外国籍労働者が，在留資格の範囲内で本人が有する能力を有効に発揮しつ

つ働けるように，教育訓練の実施など必要な措置を講ずるように努めるとともに，苦情・相談体制の整備，母国語での導入研修の実施など，働きやすい職場環境の整備に努めなければなりません。

(5) 福利厚生施設

外国籍労働者について適切な宿泊の施設を確保するように努めるとともに，給食，医療，教養，文化，体育，レクリエーション等の施設の利用について，外国籍労働者にも十分な機会が保障されるように努めなければなりません。

(6) 帰国及び在留資格の変更等の援助

雇用する外国籍労働者の在留期間が満了し，在留資格の更新がなされない場合には，当該外国人労働者の雇用関係を終了し，帰国のための諸手続の相談その他必要な援助を行うよう努める必要があります。

外国籍労働者が帰国するにあたって，病気などのやむを得ない理由で帰国に要する旅費を支払えない場合には，当該旅費を負担するよう努める必要があります。

特に，**「特定技能」**の在留資格で在留する労働者については，**「特定技能雇用契約」**の基準として，「当該外国人労働者が特定技能雇用契約の終了後の帰国に要する旅費を負担することができないときは，当該旅費を負担するとともに，契約終了後の出国が円滑になされるよう必要な措置を講ずること」とされています。

また，技能実習生については，帰国事由が自己都合による場合も含め，監理団体（企業単独型技能実習の場合は事業主）が帰国に要する旅費を負担するとともに，契約終了後の出国が円滑になされるよう必要な措置を講ずることとされています。

外国籍労働者が在留資格を変更しようとするとき，又は，在留期間の更新を受けようとするときは，その手続きを行うにあたっての勤務時間の配慮その他必要な援助を行うようにしましょう。

外国籍労働者が一時帰国を希望する場合には，休暇の取得への配慮その他必要な援助を行うよう努めること。特に，**「特定技能」**の在留資格をもって在留する労働者については，**「特定技能雇用契約」**の基準として，「当該外国人労働者が一時帰国を希望した場合には，必要な休暇を取得させること」とされています。

(7) 外国人労働者と共に就労するうえで必要な配慮

外国籍労働者を受け入れるにあたっては，日本国籍労働者と外国籍労働者とが，文化，慣習等の多様性を理解しつつ共に働けるよう努めなければなりません。

6 助成金（2019年12月現在）

外国籍労働者の雇用を直接対象とするものではありませんが，例えば以下のような助成金の活用が検討できます。

1 キャリアアップ助成金

有期契約労働者，短時間労働者，派遣労働者といったいわゆる非正規雇用の労働者（有期契約労働者等）の企業内でのキャリアアップを促進するため，正社員化，処遇改善の取組みを実施した事業主に対して助成されるものです。

7つのコースのうち，外国籍労働者に対して活用できるのは以下の6つです。

❶ 賃金規定等改定コース

有期契約労働者等の賃金規定等を改定した場合。

❷ 健康診断制度コース

有期契約労働者等に対し，労働安全衛生法上義務付けられている健康診断以外の一定の健康診断制度を新たに規定し，適用した場合。

❸　賃金規定等共通化コース

有期契約労働者等に関して，正規雇用労働者と共通の職務等に応じた賃金規定等を新たに設け，適用した場合。

❹　諸手当制度共通化コース

有期契約労働者等に関して，正規雇用労働者と共通の諸手当に関する制度を新たに設け，適用した場合。

❺　選択的適用拡大導入時処遇改善コース

労使合意に基づき社会保険の適用拡大の措置を講じ，新たに被保険者とした有期契約労働者等の基本給を増額した場合。

❻　短時間労働者労働時間延長コース

短時間労働者の週所定労働時間を5時間以上延長し，当該労働者が新たに社会保険適用となった場合。

2　人材開発支援助成金

労働者の段階的かつ体系的な職業能力開発を促進するため，職務に関連した職業訓練等を計画に沿って実施した事業主に対して訓練経費や訓練期間中の賃金の一部などが助成されるものです。

本書執筆段階ではまだ詳しい情報が公開されていませんが，外国籍労働者の受け入れ環境の整備を加速させるため，「人材開発支援助成金」の新たなコースとして**「外国人労働者就労環境整備助成コース」**（仮称）を新設する動きもあるようです。外国籍労働者に労働条件等を十分に理解してもらい，適正な待遇のもとで能力を発揮しやすい雇用管理改善を行った企業を助成する趣旨です。

助成金の最新情報に関しては，厚生労働省のページをご覧ください。

定着段階

第4章 定着支援・生活支援

本章では，外国籍労働者を採用し，「雇用した後（身分系在留資格を保有しない外国籍労働者にあっては，就労が可能な在留資格を取得した後）」の定着支援について，いくつか紹介します。

外国籍労働者の定着支援において，まず参考とすべきは，2019 年 4 月より開始した新しい在留資格「特定技能（1 号）」制度において法定されている**「1 号特定技能外国人支援計画」**の支援内容です。在留資格「特定技能 1 号」を持つ外国籍労働者に対しては，以下に記載する支援を含めた（これら以外にも支援計画に含めることが可能）支援計画を定め，それを適切に実施することが雇用主（1 号特定技能所属機関）に義務付けられています（入管法第 2 条の 5，第 19 条の 21）。

この**在留資格「特定技能 1 号」以外で働く外国籍労働者に対しては，特にこれらの支援内容が義務付けられているわけではありません**が，実際に韓国籍，中国籍，ベトナム籍，ロシア籍などの従業員や外部パートナーと共に日常的に業務を行っている経験を持つ筆者は，「日本での在留経験が比較的浅い外国籍労働者に対しては共通して支援すべき内容」と捉えており，「日本人の従業員と同様に，外国籍労働者の文化や言語，価値観の違いを理解し，国籍に関わらず分け隔てなく接すること」こそが，長く職場に「定着」してもらう前提となると考えています。経営者や人事担当者のみならず，共に働く職場全体で外国籍労働者に寄り添い，心理的な安心感を提供することが求められているのではないでしょうか。なお，各種労働基準法等の法令遵守，パワハラ・セクハラの未然防止，継続的な待遇改善，職場の安全衛生面の確保・改善などが重要なことは言うまでもありません。

1 外国籍労働者に対する定着支援／生活支援等

以下の記述は，「1 号特定技能外国人支援に関する運用要領（1 号特定技能外国人支援計画の基準について）／平成 31 年 3 月法務省編」[15] を参考資料として，具体的な支援内容や方法を紹介しています。「1 号特定技能外国人」に対しては，これらの記載内容が「義務的な支援」となるため，1 号特定技能外国人を受け入れる際の雇用責任者（支援担当者・支援責任者）の方は，上記運用要領を必ず確認してください。その他の在留資格にあっては，任意的な支援内容となりますので，「1 号特定技能外国人」という部分を「外国籍労働者」と読み替えてご理解ください。

1 入国前（事前）ガイダンスの実施

これは，在留資格の申請手続に先立って，まず初めに行うべき支援であり，必ず本人に対して，書面の郵送やメールではなく，対面又はビデオ通話等で直接行うべき支援内容になります。具体的な伝達項目としては，以下の 10 項目の内容になります（義務的支援）。時間的には 3 時間程度となります。

① 1 号特定技能外国人に従事させる業務の内容，報酬の額その他の労働条件に関する事項

② 日本において行うことができる活動の内容（法別表第 1 の 2 の表の「特定技能」の項の下欄第 1 号に掲げる活動であること，技能水準が認められた業務区分に従事すること）

③ 入国にあたっての手続きに関する事項（新たな入国の場合は，交付された在留資格認定証明書の送付を特定技能所属機関から受け，受領後に管轄の日本大使館・領事館で査証申請を行い，在留資格認定証明書交付日から 3 か月以内に日本に入国すること，既に在留している場合は，在留資格変更許可申請を行い，在留カードを受領する必要があること）

15 http://www.moj.go.jp/content/001289243.pdf

④　1号特定技能外国人又はその配偶者，直系若しくは同居の親族その他当該外国人と社会生活において密接な関係を有する者が，特定技能雇用契約に基づく当該外国人の日本における活動に関連して，保証金の徴収その他名目のいかんを問わず，金銭その他の財産を管理されず，かつ，特定技能雇用契約の不履行について違約金を定める契約その他の不当に金銭その他の財産の移転を予定する契約の締結をしておらず，かつ，締結させないことが見込まれること（保証金等の支払いや違約金等に係る契約を現にしていないこと及び将来にわたりしないことについて確認する）

⑤　1号特定技能外国人に係る特定技能雇用契約の申込みの取次ぎ又は外国における特定技能1号の活動の準備に関して外国の機関に費用を支払っている場合は，その額及び内訳を十分理解して，当該機関との間で合意している必要があること（支払費用の有無，支払った機関の名称，支払年月日，支払った金額及びその内訳について確認する）

⑥　1号特定技能外国人支援に要する費用について，直接又は間接に当該外国人に負担させないこととしていること（義務的支援に要する費用は特定技能所属機関等が負担する）

⑦　特定技能所属機関等が1号特定技能外国人が入国しようとする港又は飛行場において当該外国人を出迎え，特定技能所属機関の事業所（又は当該外国人の住居）までの送迎を行うこと

⑧　1号特定技能外国人のための適切な住居の確保に係る支援の内容（社宅等を貸与予定の場合は広さのほか，家賃等外国人が負担すべき金額を含む）

⑨　1号特定技能外国人からの職業生活，日常生活又は社会生活に関する相談又は苦情の申出を受ける体制（例えば，○曜日から○曜日の○時から○時まで面談・電話・電子メールの方法により相談又は苦情を受けることができること等）

⑩　特定技能所属機関等の支援担当者氏名，連絡先（メールアドレス等）

2　出入国の際の空港等までの送迎

これは，実際に入国や出国する際の支援です。初めて日本に来る外国籍労

働者の場合は，日本での電車の乗り方などに不安があります。それらの不安を解消してあげる必要があるため，支援内容とされています。なお，送迎方法は公共交通機関やタクシー等の利用が原則となりますが，所属機関が社用車を用いて送迎を行うことも可能です。ただし，委託を受けて有償で支援を行う登録支援機関は，道路運送法上の規制により許認可が必要になると考えられるため，公共交通機関やタクシーの利用で行うことが求められますので，要注意です。

(1) 入国する際について

1号特定技能外国人が上陸の手続きを受ける港又は飛行場と特定技能所属機関の事業所（又は当該外国人の住居）の間の送迎を行うことが求められます。

(2) 出国する際について

1号特定技能外国人が出国の手続きを受ける港又は飛行場まで送迎を行うことが求められます。また，出国する際の送迎では，単に港又は飛行場へ当該外国人を送り届けるだけではなく，保安検査場の前まで同行し，入場することを確認する必要があります。

3 適切な住居の確保に係る支援・生活に必要な契約に係る支援

3つめの支援は，「生活の本拠」となる①住まいの確保に係る支援や②銀行口座・携帯電話等生活に必要な契約に係る支援です。

(1) 適切な住居の確保に係る支援

1号特定技能外国人が住居を確保していない場合の支援として，次のa～cのうち，いずれかによる方法で，かつ，1号特定技能外国人の希望に基づき支援を行うことが求められます。なお，当該支援については，受入れ後に当該外国人が転居する場合にも行うことが求められます。また，なお，ルームシェアするなど複数人が居住することとなる場合には，居室全体の面積を居住人数で除した場合の面積が**7.5 m^2 以上**でなければなりません。

a．1号特定技能外国人が賃借人として賃貸借契約を締結するにあたり，不動産仲介事業者や賃貸物件に係る情報を提供し，必要に応じて当該外国人に同行し，住居探しの補助を行う。賃貸借契約に際し連帯保証人が必要な場合であって，連帯保証人として適当な者がいないときは，少なくとも

・　特定技能所属機関等が連帯保証人となる

・　利用可能な家賃債務保証業者を確保するとともに，特定技能所属機関等が緊急連絡先となる

のいずれかの支援を行う。

b．特定技能所属機関等が自ら賃借人となって賃貸借契約を締結したうえで，1号特定技能外国人の合意のもと，当該外国人に対して住居として提供する。

c．特定技能所属機関が所有する社宅等を，1号特定技能外国人の合意のもと，当該外国人に対して住居として提供する。

なお，一般的に，日本人の方と比べて，居住を断られることが多いのが実情です。国土交通省が所管する『住宅確保要配慮者に対する賃貸住宅の供給の促進に関する法律（平成19年法律第112号）』及び関連省令においても，独居老人（高齢者の独り住まい）や生活保護者，外国人等を「住宅確保要配慮者」として定義して積極的な支援を行っていますが，まだまだ住宅確保に難航するケースもあります。そのような場合は，筆者が代表を務める株式会社エベレストコンサルティングも指定（本書執筆現在）を受けている「居住支援法人」に相談することも推奨します。

(2) 銀行口座・携帯電話等生活に必要な契約に係る支援

次に，銀行その他の金融機関における預金口座又は貯金口座の開設及び携帯電話の利用に関する契約その他の生活に必要な契約（電気・ガス・水道等のライフライン）に関して説明します。1号特定技能外国人に対し，これらの契約締結に必要な書類の提供及び窓口の案内を行い，必要に応じて当該外国人に同行するなど，当該各手続の補助を行うことが求められます。最近では

携帯電話ショップにおいては外国語が話せる店舗スタッフも大型店では珍しくなくなってきましたが，日本人でも難しい契約内容について，母国語ではない日本語で説明を受けるのは大きな負担があります。なお，技能実習2号等から特定技能1号へ在留資格を変更する外国人において既に口座開設等を行っている場合など，当該支援が客観的状況に照らして明らかに不要である場合には，実施しなくても差し支えありません。

4 生活オリエンテーション

4つ目の支援内容は「生活オリエンテーション」です。特定技能所属機関等において1号特定技能外国人が日本に入国した後（又は在留資格の変更許可を受けた後）に行う情報の提供（以下「生活オリエンテーション」という）については，当該外国人が日本における職業生活，日常生活及び社会生活を安定的かつ円滑に行えるようにするため，入国後（又は在留資格の変更後），遅滞なく実施する必要があります。具体的には，以下の①から⑥に記載する6つの項目で，**少なくとも8時間以上**かけて説明を行うことが求められています。

❶ 日本での生活一般に関する事項

a 金融機関の利用方法

・ 金融機関における入出金・振込等の方法，利用可能な時間，ATMの使い方，手数料等

・ 出国する場合など，自己名義の銀行口座が不要となるときは，口座を閉鎖する手続きを行うこと，ただし，将来再び入国するときのために口座を継続して利用する希望がある場合には，出国前に銀行に相談すること

b 医療機関の利用方法等

・ 利用可能な医療機関（症状別），医療機関での受診方法，保険証を持参すること等

・ アレルギー・宗教上の理由により治療に制限がある場合は，医療機関にその旨を説明すること

c　交通ルール等

・　歩行者は右側通行，車両は左側通行・歩行者優先であること，自転車損害賠償責任保険等

・　自動車，バイク等を運転する場合は運転免許が必要なこと（必要に応じて，運転免許の取得方法）

d　交通機関の利用方法等

・　就労・生活する地域の公共交通機関（通勤に最適な公共交通機関）及びその利用方法

・　勤務先までの経路及び所要時間

・　通勤定期又は切符の購入・利用方法

・　IC カードの購入・利用方法等

e　生活ルール・マナー

・　就労・生活する地域におけるゴミの廃棄方法等（分別・出し方，収集日，粗大ゴミの捨て方等）

・　夜中に大声で騒いだり騒音を出したりするなど，近隣住民の迷惑になる行為は控えること

・　喫煙には一定の制限があること（喫煙，禁煙場所等）

f　生活必需品等の購入方法等

・　就労・生活する地域のスーパーマーケット，コンビニエンスストア，ドラッグストア，家電量販店等の所在地等

g　気象情報や災害時に行政等から提供される災害情報の入手方法等

・　気象及び災害情報に関するホームページ，アプリ，出身国別の外国人向けのコミュニティサイト等

h　我が国で違法となる行為の例

・　原則として，銃砲刀剣類の所持が禁止されていること

・　大麻，覚せい剤等違法薬物の所持等は犯罪であること

・　在留カードの不携帯は犯罪であること

・　在留カード，健康保険証等を貸し借りすることは禁止されていること

・　自己名義の銀行口座・預貯金通帳や携帯電話を他人に譲渡するこ

とは犯罪であること

・　ATMで他人名義の口座から無断で現金を引き出すことは犯罪であること

・　他人になりすまして，配達伝票に署名し，他人の宅配便を受領することは犯罪であること

・　放置されている他人の自転車等を使用することは犯罪であること等

❷　入管法第19条の16その他の法令の規定により当該外国人が履行しなければならない又は履行すべき国又は地方公共団体の機関に対する届出その他の手続き

a　所属機関等に関する届出（入管法第19条の16関係）

特定技能所属機関の名称又は所在地の変更，その消滅，特定技能所属機関との契約の終了又は新たな契約の締結

b　住居地に関する届出（入管法第19条の7から第19条の9まで）

新規上陸後の住居地届出，在留資格変更等に伴う住居地の届出，住居地の変更届出

c　社会保障及び税に関する手続き

ア　社会保障に関する手続き

※　未納がある場合には在留諸申請が不許可になる場合がある（在留期間更新及び在留資格変更の申請において保険料の納付状況を確認する）こと

・　健康保険及び厚生年金保険に関する手続き・制度（保険料が給与から天引きされること）

（注）　特定技能所属機関が適用事業所の場合（法人事業所，常時5人以上の従業員を使用する個人経営の事業所（農林漁業，サービス業等の事業所は除く））

・　国民健康保険及び国民年金に関する手続き（外国人自身が手続きを行う必要があること）

（注）　特定技能所属機関が適用事業所以外の場合又は当該外国人が適用事業所を離職する場合

イ　税に関する手続き

※　未納がある場合には在留諸申請が不許可になる場合がある（在留期間更新及び在留資格変更の申請において税の納付状況を確認する）こと

・　源泉徴収・特別徴収制度（所得税・住民税は，原則として給与から天引きされること）

・　住民税納付の仕組み（前年の給与所得がない場合は入社２年目の年から納税が始まり，原則として離職後の翌年まで納税義務があること，離職後の納税については一括納税や納税管理人制度の利用も可能であること，転職により離職する場合には，転職先において，引き続き，未納税額を給与から天引きすることも可能であること）

ウ　その他

・　個人番号（マイナンバー）制度の仕組み（マイナンバーは日本国内での社会保障・税・災害対策の分野で利用されるものであること，住所地で住民票が作成された後，マイナンバーを通知するカード（通知カード（紙製））が自宅に郵送されること，マイナンバーカード（写真付きICカード）が申請により取得できること，マイナンバーカードは市町村によってはコンビニエンスストアで住民票の写し等の証明書を取得できるなど，各種サービスに利用できること）

d　その他の行政手続

・　自転車防犯登録の方法等（店頭又はインターネットで購入した場合や他人等から譲り受けた場合の登録方法，盗難又は撤去された場合の対応）

❸　特定技能所属機関又は当該特定技能所属機関から契約により１号特定技能外国人支援の実施の委託を受けた者において相談又は苦情の申出に対応することとされている者の連絡先及びこれらの相談又は苦情の申出をすべき国又は地方公共団体の機関の連絡先

a　特定技能所属機関又は当該機関から契約により１号特定技能外国人支援の実施の委託を受けた登録支援機関その他の者において相談又は苦情の申出に対応することとされている者の連絡先として次の事項

・　支援担当者の氏名

・　支援担当者の電話番号，メールアドレス等

b　相談又は苦情の申出をすることができる国又は地方公共団体の機関の連絡先として次の事項

- 地方出入国在留管理局（入国・在留に関する相談）
- 労働基準監督署（残業代を含む賃金の未払いやその他労働条件に関する事項（労働時間，休暇など），仕事中にけがをしたときなど労働に関する相談）
- ハローワーク（失業等給付の受給手続に関する相談，職業相談）
- 法務局・地方法務局（差別，いじめ等人権に関する問題の相談）
- 警察署（犯罪被害相談や交通事故事件相談等）
- 最寄りの市区町村（住民税，国民健康保険，国民年金や行政サービスに関する相談）
- 弁護士会，日本司法支援センター（法テラス）（民事や刑事などの様々な法的なトラブルが生じた場合の相談）
- 大使館・領事館（パスポートの棄損・紛失等）等

❹　当該外国人が十分に理解することができる言語により医療を受けることができる医療機関に関する事項

a　通訳人が配置されている又はインターネットや電話による医療機関向け通訳サービスが導入されているなど，外国人患者の受入体制が整備されている病院の名称，所在地及び連絡先

b　医療に関する支援の一環として，予期せぬ病気やけがの際に，高額な医療費の支払いに不安を感じることなく，安心して医療サービスを受けることができるよう，医療通訳雇入費用等をカバーする民間医療保険への加入案内

❺　防災及び防犯に関する事項並びに急病その他の緊急時における対応に必要な事項

a　トラブル対応や身を守るための方策（地震・津波・台風等の自然災害，事件・事故等への備え，火災の予防（たばこの不始末，コンロ・ストーブの取扱い，消火器の使い方））

b　緊急時の連絡先・場所，警察・消防・海上保安庁等への通報・連絡の方法（110番・119番・118番，大使館・領事館，最寄りの警察署・交番，

救急医療機関への連絡方法）

c　気象情報・避難指示・避難勧告等の把握方法，災害時の避難場所

❻ 出入国又は労働に関する法令の規定に違反していることを知ったときの対応方法その他当該外国人の法的保護に必要な事項

a　入管法令（在留手続，みなし再入国制度，在留資格の取消し及び在留カードに関する手続き等）及び労働関係法令（労働契約，労働保険制度，休業補償制度，労働安全衛生（必要な安全衛生教育等の実施を含む）及び未払賃金に関する立替払制度）に関する知識

b　入管法令に関する違反がある場合（資格外活動違反，不法就労者雇用等），その相談先（地方出入国在留管理局）及び連絡方法

c　労働に関する法令違反がある場合（残業代を含む賃金の不払い，36協定を超えた時間外・休日労働等），その相談先（労働基準監督署又は地方出入国在留管理局）及び連絡方法

d　特定技能雇用契約に反することがあった場合，その相談先（地方出入国在留管理局又は労働基準監督署）及び連絡方法

e　人権侵害があった場合，その相談先（法務局・地方法務局又は地方出入国在留管理局）及び連絡方法

f　年金の受給権に関する知識（老齢年金の受給資格期間は10年であることや，一定の要件を満たした場合には障害年金や遺族年金等の受給権が得られることを含む）及び脱退一時金制度に関する知識（脱退一時金を受給した場合，その額の計算の基礎となった被保険者期間は，被保険者でなかったものとみなされることを含む），それらの相談先（日本年金機構）及び連絡方法

なお，これらの生活オリエンテーションを行う際のツールとして，法務省ホームページ内にある外国人の安全・安心のために必要な基礎的情報が掲載された外国人生活支援ポータルサイト[16]や『生活・就労ガイドブック』を活用することを推奨します。また自社で対応が困難だと感じる場合は，後述

16　http://www.moj.go.jp/nyuukokukanri/kouhou/nyuukokukanri10_00047.html

する「登録支援機関」へ委託することも選択肢の一つとなります。また，2020年度中に「外国人共生センター」を関係省庁が連携して設置する動きが決まっていますのでこういった公的な支援窓口の活用も積極的に行いましょう。

5 日本語学習の機会の提供

5つ目の支援内容は日本語能力の向上に関してです。日本語を学習する機会の提供については，次のいずれかによる方法で，かつ，1号特定技能外国人の希望に基づき支援を行う必要があります。

① 就労・生活する地域の日本語教室や日本語教育機関に関する入学案内の情報を提供し，必要に応じて1号特定技能外国人に同行して入学の手続きの補助を行うこと
② 自主学習のための日本語学習教材やオンラインの日本語講座に関する情報を提供し，必要に応じて日本語学習教材の入手やオンラインの日本語講座の利用契約手続の補助を行うこと
③ 1号特定技能外国人との合意のもと，特定技能所属機関等が日本語教師と契約して，当該外国人に日本語の講習の機会を提供すること

外国籍労働者を雇用する企業側にとっても，当該外国籍労働者の「日本語能力」の上達は望ましいものですので，財政的な余力があり，かつ受講希望者が複数人いる場合には，業務時間外の時間を用いて，③の方法によることが最も日本語能力の向上に効果的であると考えられます。なお，日本語学習教材の提供等の一例として，文化庁国語課の運営する日本語教育コンテンツ共有システム[17]を参照してください。また，文化庁事業により開発されているインターネット等を活用した日本語学習教材（ICT教材）は，2020年4月から順次上記ウェブサイトに掲載予定です。

---

17 http://www.nihongo-ews.jp/

6　苦情の受付や情報提供

6つ目の支援内容は，苦情や相談などの受付です。これらの支援は，業務時間外や土日祝，夜間などであっても，対応することが望ましいです。また，相談及び苦情への対応は，1号特定技能外国人が十分に理解することができる言語により実施することが求められます。自社で支援が難しい場合は，本件も後述する「登録支援機関」へ委託するのも選択肢の一つです。

1号特定技能外国人から職業生活，日常生活又は社会生活に関する相談又は苦情の申出を受けたときは，遅滞なく適切に応じるとともに，相談等の内容に応じて当該外国人への必要な助言，指導を行う必要があります。

また，特定技能所属機関等は，必要に応じ，相談等内容に対応する適切な機関（地方出入国在留管理局，労働基準監督署等）を案内し，当該外国人に同行して必要な手続きの補助を行わなければなりません。

1号特定技能外国人に対して相談及び苦情の対応を行った場合，「相談記録書（参考様式第5-4号）」（下記【参考】）に記録をしておく必要があることも忘れないようにしましょう。また，相談及び苦情を受け，関係行政機関への相談又は通報を行ったものについては，当該外国人の支援実施状況に係る届出書（参考様式第3-7号又は第4-3号）に記載する必要があります。他の在留資格者に対しては，ここまでの書類作成は不要ですが，一般的な雇用管理の一環として，事実関係の記録をすることが望ましいですが，個人情報の保護に努めるとともに，1号特定技能外国人が相談等の内容を理由に職場での待遇等において不当な取扱いがなされないようにすることが必要です。

7　日本人との交流促進に係る支援

7つ目の支援内容は，日本人との交流促進に係る支援です。これは，勤務先の企業やその他地域社会での「疎外感」が早期離職や犯罪組織との関係に繋がっていくと考えられるためです。1号特定技能外国人と日本人との交流の促進に係る支援は，必要に応じ，地方公共団体やボランティア団体等が主催する地域住民との交流の場に関する情報の提供（市区町村が発行している広

【参考】

参考様式第５－４号

相　談　記　録　書

（　　月　　日から　　月　　日まで）　　　　機関の氏名又は名称：

	相談受理日	相談者					相談内容	対応結果	対応者の氏名
		氏名	性別	国籍・地域	生年月日	在留カード番号			
1			男・女		/ /				
2			男・女		/ /				
3			男・女		/ /				
4			男・女		/ /				

出典：法務省ホームページ（http://www.moj.go.jp/nyuukokukanri/kouhou/nyuukokukanri07_00201.html よりダウンロード可能）

報なども活用しやすい情報媒体です）や地域の自治会等の案内を行い，各行事等への参加の手続きの補助を行うほか，必要に応じて当該外国人に同行して各行事の注意事項や実施方法を説明するなどの補助を行わなければなりません。

また，1号特定技能外国人が日本の文化を理解するために必要な情報として，必要に応じ，就労又は生活する地域の行事に関する案内を行うほか，必要に応じて当該外国人に同行して現地で説明するなどの補助を行わなければなりません。1号特定技能外国人と日本人との交流の促進に係る支援は，地域住民との交流を促進させるため，季節の行事等を捉えるなどして年間を通じて行うことが望まれます。

8 外国人の責めに帰すべき事由によらないで特定技能雇用契約を解除する場合の転職支援

8つ目の支援内容は，「転職支援」です。日本人の従業員であっても，業績悪化に伴う「人員整理解雇」においては，人材紹介会社と提携して転職先の斡旋を行うケースがありますが，それらと同様の支援が望ましいです。具体的には，特定技能所属機関が，人員整理や倒産等による受入側の都合により，1号特定技能外国人との特定技能雇用契約を解除する場合には，当該外国人が他の日本の公私の機関との特定技能雇用契約に基づいて特定技能1号としての活動を行えるように，次の支援のいずれかを行う必要があります。

① 所属する業界団体や関連企業等を通じて，次の受入先に関する情報を入手し提供すること
② 公共職業安定所（ハローワーク）その他の職業安定機関又は職業紹介事業者等を案内し，必要に応じて1号特定技能外国人に同行し，次の受入先を探す補助を行うこと
③ 1号特定技能外国人の希望条件，技能水準，日本語能力等を踏まえ，適切に職業相談・職業紹介が受けられるよう又は円滑に就職活動が行えるよう推薦状を作成すること
④ 特定技能所属機関等が職業紹介事業の許可又は届出を受けて職業紹介事業を行うことができる場合は，就職先の紹介あっせんを行うこと

上記①～④のいずれかに加え，次の支援についてはいずれも行う必要があります。

- 1号特定技能外国人が求職活動を行うための有給休暇を付与すること
- 離職時に必要な行政手続（国民健康保険や国民年金に関する手続等）について情報を提供すること

なお，特定技能所属機関が自ら1号特定技能外国人支援の全部を実施することとしている場合であって，倒産等により，転職のための支援が適切に実施できなくなることが見込まれるときは，それに備え当該機関に代わって支援を行う者（例えば登録支援機関，関連企業等）を確保する必要があります。

9 定期的な面談の実施，行政機関への通報

9つ目の支援内容は，定期的な個別面談の実施です。特定技能所属機関等は，1号特定技能外国人の労働状況や生活状況を確認するため，当該外国人及びその監督をする立場にある者（直接の上司や雇用先の代表者等）それぞれと定期的（3か月に1回以上）な面談を実施する必要があります。なお，面談は対面により直接話をする必要があり，テレビ電話等で行うことはできません。

定期的に行う面談の場においては，前記4の生活オリエンテーションで提供した日本での生活一般に関する事項，防災及び防犯に関する事項並びに急病その他の緊急時における対応に必要な事項その他の事項に係る情報を，必要に応じ，改めて提供することが求められます。なお，1号特定技能外国人との面談は，当該外国人が十分に理解することができる言語により実施することが求められます。これらの面談時には，法務省が作成している参考様式があります（下記【参考】）。

また，支援責任者又は支援担当者は，1号特定技能外国人との定期的な面談において，労働基準法（長時間労働，賃金不払残業など）その他の労働に関する法令（最低賃金法，労働安全衛生法など）の規定に違反していることを知ったときは，その旨を労働基準監督署やその他の関係行政機関に通報する必要があります。さらに，資格外活動等の入管法違反，又は，旅券及び在留カードの取上げ等その他の問題の発生を知ったときは，その旨を地方出入国在留管理局に通報する必要があります。

【参考】

参考様式第５－５号

定　期　面　談　報　告　書

（１号特定技能外国人用）

1　面談対象者

①特定技能外国人の氏名	
②特定技能所属機関の氏名又は名称	
③面　　談　　日	

（注意）面談した複数の特定技能外国人について，面談結果が同一の場合には，①欄に「別紙のとおり」と記載した上，別紙を添付することとしても差し支えない。

2　面談対応者

①対応者の氏名			
②対応者の役職	□　支援責任者 □　支援担当者	役職名	

3　面談結果

面談事項	面談内容	問題の有無	問題の内容
①業務内容に関する事項	①雇用契約と異なる業務に従事していないこと。	有・無	
	②他の事業主の下で業務に従事していないこと。	有・無	
	③安全衛生に配慮して適切に業務を行っていること。	有・無	
②待遇に関する事項	①雇用契約に基づき毎月適切に報酬を受け取っていること。	有・無	
	②雇用契約と異なる労働時間となっていないこと。	有・無	
	③休日，休暇等が適切に付与されていること（一時帰国休暇を含む。）。	有・無	
	④適切な住居が確保されていること。	有・無	
	⑤定期的に負担する食費，居住費等が合意したとおりの内容であること。	有・無	
	⑥支援計画にのっとった支援の提供を受けていること。	有・無	
③保護に関する事項	①暴行・脅迫・監禁等の不法行為を受けていないこと。	有・無	
	②相手方を問わず保証金の徴収・違約金を定める契約等がないこと。	有・無	
	③預金通帳の管理など不当な財産管理を受けていないこと。	有・無	
	④旅券・在留カードを自分で保管していること。	有・無	
	⑤私生活上の自由を不当に制限されていないこと。	有・無	
④生活に関する事項	①日常生活においてトラブルが発生していないこと。	有・無	
	②健康状態に異常がないこと。	有・無	
⑤その他の事項	①不法就労者が働いていないこと。	有・無	
	②その他（　　　　　　　　　　　　　）	有・無	
⑥法令違反等の有無	□　有り（下記４に詳細を記載） □　なし		
⑦その他特筆すべき事項			

（注意）面談を行った結果について，「問題の有無」を記載し，問題がある場合は，「問題の内容」欄にその詳細について記載すること。

4　法令違反等への対応

①法令違反事実の発生年月日	年　月　日	
②法令違反事実の内容		
③法令違反事実への対応結果	ア　1号特定技能外国人への対応	□　労働基準監督署等の関係行政機関を案内 ・　案内した機関： □　特段対応なし 理由：（　　　　）
	イ　特定技能所属機関への対応	（ア）責任者への法令違反事実の通知 □　通知済み ・　通知日： ・　通知の相手方： □　未通知 理由：（　　　　） （イ）法令違反事実の出入国在留管理庁への届出の案内 □　案内済み □　未了
	ウ　関係行政機関への対応	□　関係行政機関への通報済み ・　通報日： ・　通報先機関： □　関係行政機関への通報未了（通報不要と判断した場合を含む。） 理由：（　　　　）

作成年月日　　　　年　　月　　日

面談実施者の氏名

2 「登録支援機関」制度について

前項で外国人籍労働者の定着支援をテーマに，1号特定技能外国人に対して義務付けられている9つの項目を紹介しました（念押しになりますが，在留資格「特定技能1号」以外の外国籍労働者に対してはこれらの支援は義務ではなく，同様の手厚い支援が定着に寄与するというのが筆者の考えです）。これらを読んだ読者の皆様は「これだけの支援を自社にて行うのは到底できない」と感じる方が多数ではないでしょうか。法務省でも当然，その辺りは考慮しており，外国人支援を事業内容とする「登録支援機関」という制度を同時にスタートさせており，これらの事業者に「外部委託」することが可能となっています。本項目では，改正入管法（2019年4月1日施行）にてスタートした「登録支援機関」という制度及び委託先を決定するうえでの選定ポイントについて紹介します。本書執筆中の2020年1月30日現在で「3,724件」もの登録がある登録支援機関のなかで，最も信頼できるパートナー選びにお役立てできれば幸いです。

1 「登録支援機関」とは

登録支援機関とは，特定技能所属機関（受入れ機関，雇用する企業）との契約により委託を受けて，1号特定技能外国人に対して，日本での活動を安定的かつ円滑に行うことができるようにするための職業生活上，日常生活上又は社会生活上の支援（これを「1号特定技能外国人支援」といい，この実施に関する計画を「1号特定技能外国人支援計画」という）の全部の実施の業務を行う法人又は個人であって，出入国在留管理庁へ申請し，出入国在留管理庁長官の「登録」を受けた者をいいます（入管法第2条の5，第19条の23）。登録された事業者は，「登録支援機関登録簿」に記載され，法務省ホームページ[18]にて誰でも閲覧することが可能です。

18 http://www.moj.go.jp/nyuukokukanri/kouhou/nyuukokukanri07_00205.html

図9　新たな外国人材の受入れ及び共生社会実現に向けた取組

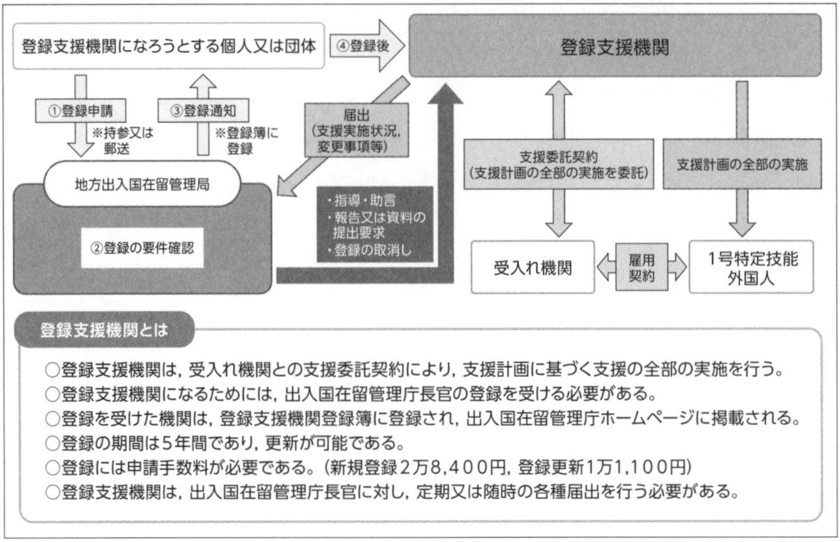

出典：法務省資料より抜粋

2　「登録支援機関」を選定する際に気を付けるポイント

前述のとおり，登録支援機関は全国で3,000事業者以上が登録されていますが，法務省は新たな在留資格「特定技能」制度の開始とともに，その制度の根幹ともいえる登録支援機関を増やすことを目標としており，その登録要件は概ね以下のとおりです。

【登録支援機関に登録されるための要件（抜粋）】

①　登録支援機関になろうとする個人又は団体が，２年以内に中長期在留者（日本人の配偶者等，定住者などの身分系在留資格は除く，以下同じ）の受入れ実績があること
②　登録支援機関になろうとする個人又は団体が，２年以内に報酬を得る目的で，業として，外国人に関する各種相談業務に従事した経験を有すること

③　選任された支援担当者が，過去５年間に２年以上中長期在留者の生活相談業務に従事した経験を有すること

④　上記のほか，登録支援機関になろうとする個人又は団体が，これらと同程度に支援業務を適正に実施できると認められていること。具体的には，次のとおりです（例示列挙ですので，これら以外にも該当すると認められる可能性があります）。

◇日本の証券取引所に上場している企業／◇保険業を営む相互会社／◇独立行政法人／◇特殊法人・認可法人／◇日本の国・地方公共団体認可の公益法人／◇法人税別表第１に掲げる公共法人／◇前年分の給与所得の源泉徴収票等の法定調書合計表中，給与所得の源泉徴収票合計表の源泉徴収額が 1,500 万円以上ある団体・個人

これらの要件のうち，例えば「①受け入れ実績要件」については，「雇用してから○年以上」などの年数要件は定められていません。そのため，外国籍労働者を雇用したことがない企業が，初めて雇用して①の要件を満たすとしただけでも登録支援機関に登録されているケースがあります。また，②及び③についても，「何件担当したか」については具体的要件とされていないため，たとえ１件でも実績があれば，それを法務省が認めて登録されているケースがあります。つまり，登録支援機関に登録されているといっても，実務遂行能力や外国人支援に関する知識については差が激しいのが実情です。例えば筆者が経営する「行政書士法人エベレスト」では，中国籍と韓国籍の行政書士補助者が無期雇用の正社員として常駐しており，ベトナム国籍の優秀な大学院生をアルバイト雇用していた経験もあり，また登録支援機関としても，１号特定技能外国人（外食分野・飲食料品製造業分野）の支援実績を有します。しかし，同じ行政書士として登録支援機関に登録されている事務所であっても，直接雇用経験がなかったり，登録支援機関として登録されているだけで実務経験がなかったりするところも少なくありません。こういった事実を踏まえたうえで，委託先となる登録支援機関を選ぶポイントとして，以下の４つの項目を確認することを推奨しています。

【登録支援機関を選定する際の４つのポイント】

① 登録支援機関としての受託実績

なんといっても受託実績があるか否かは対応の差が出るため，非常に大きいです。なお 2020 年夏頃までは制度開始して 1 年を経過しておらず，1 号特定技能外国人の在留資格保有者自体が少ないため，登録支援機関としての受託実績を持つところは少数となっています。その場合は，以下②にて代替的に判断するとよいでしょう。

② 支援責任者・支援担当者の支援実績（過去の実績を含む）

登録支援機関としての実績が少ない場合であっても，外国籍労働者の生活等支援に関して百戦錬磨の経験を持つ支援担当者又は支援責任者が存在していれば問題ありません。①の受託実績が制度開始早々ということでどうしても少ないケースでは，当該事項を確認するとよいでしょう。

③ 対応言語に対する担当者又は履行補助者の日本語能力

登録支援機関が主とするのは，雇用する企業（特定技能所属機関等）ではなく，外国籍労働者側の支援が中心です。制度趣旨を貫徹するために，その外国籍労働者が理解しやすい言語で支援をすることが求められているため，履行補助者（通訳者）や支援担当者が外国籍であることが多いですが，その場合，その方の日本語能力についても重要です（各種法令や日本の制度について理解していることが望ましいため）。日本語能力試験 N1 又は BJT ビジネス日本語能力テストで 480 点以上を有する方が理想ではありますが，日本語能力試験でいえば「N2」以上又は「N3」＋日本の４年生大学卒業以上が望ましいです。

④ 申請取次行政書士及び社会保険労務士との相談体制の有無

最後は，入管法のプロフェッショナルである申請取次行政書士（単なる「行政書士」ではなく，法務省から「届出済証明書」というカードを与えられている行政書士）及び労務管理の専門家である社会保険労務士の後ろ盾を有するか否かです。必ずしも登録支援機関がこれらの専門家と顧問契約等を締結している必要はありませんが，何か在留資格や労務管理のことでトラブルが発生した場合には，国家資格者の知識や経験を借りた方がよいケースによく遭遇するため，専門職によるスムーズな対応が見込めるかという観点から，重要な選定ポイントになります。なお，筆者がまさにそうですが，申請取次行政書士や社会保険労務士が登録支援機関に登録されている場合もありますが，2つの国家資格者による関与が望ましいため，資格者だからといって安易に判断するには注意が必要です。それぞれの専門家としっかりとした連携が取れていることを確認する必要があります。

なお，「登録支援機関」に対する委託手数料（報酬／外注費）については，個々の登録支援機関が定めることになっており，法令等で上限が設定されておらず，自由に設定されています。概ね「1人当たり月額1～2万円」（+臨時的に発生する業務については，その都度別料金が発生）あたりが相場になっている様子です。なお，相場は変動するものですので，あくまで参考程度に考えてください。料金が高いか安いかは，提供サービスの内容や質によって相対的に判断されるものですので，例えば1人当たり月額3万円以上だとしても，必ずしも高いとは言い切れません。

3 「外国籍労働者」雇用企業への公的支援策等

最終章では，日本企業が外国籍労働者の方々を採用するにあたり様々な相談が可能な「公的支援策」等の公私に限らない支援体制を紹介します。本書を読んで新たに外国籍労働者を雇用したいと思われた方々の参考になれば幸いです。

1 ハローワークの「外国人雇用管理アドバイザー」による支援

はじめに紹介する公的支援策は，厚生労働省が管轄する「外国人雇用管理アドバイザー」による支援です。「外国人雇用管理アドバイザー（制度）」とは，厚生労働省の取組みの一つであり，我が国で就労する外国人労働者は年々増加しており，適切な雇用管理及び適正な労働条件の確保を推進することが急務であることを背景として定められた制度です。厚生労働省では，平成５年度に「外国人労働者の雇用・労働条件に関する指針」を策定するとともに，この指針に基づく事業主への指導・援助を積極的かつ効果的に行うため，各都道府県に「外国人雇用管理アドバイザー」を設置しています。

相談の窓口は各都道府県において設置されている「ハローワーク」となり，相談は「無料」ですることが可能です。相談内容は，外国籍労働者の雇用管理の改善が中心となりますが，外国人雇用管理アドバイザーは，外国籍労働者の雇用管理に関する事業主からの相談に関し，その事業所の雇用管理の実態及び問題点を把握・分析し，的確で効果的な改善案を提示してもらえることで，雇用管理改善に繋がることが期待できます。

なお，当該「外国人雇用管理アドバイザー」については，社会保険労務士や申請取次行政書士が委託されている場合がありますが，「無料で相談できる」というのは利用価値の高い制度でしょう。

2 JICA（独立行政法人国際協力機構）による支援

次に紹介する公的支援策は，「JICA（独立行政法人国際協力機構）」による支援策です。「JICA」とは，独立行政法人国際協力機構（JICA／ジャイカ[19]）は，日本の政府開発援助（ODA）を一元的に行う実施機関として，開発途上国への国際協力を行っている団体です。近年「PARTNER」[20]という，独立行政法人国際協力機構（JICA）が運営するグローバル人材や企業・団体が集まる国際キャリアの総合情報サイトを開設し，外国人材の採用を考える企業や団体が無料で求人情報を登録できるなどの機能が備えられています。本執筆段階では，まだサイトが開設されて年数が浅いものの，信頼のできるサイト（機関）であり，今後，グローバル人材の採用において必須とも言える求

19　JICA／ジャイカは Japan International Cooperation Agency の略称です。
20　http://partner.jica.go.jp/

人媒体になるのではと期待しています。当法人も掲載してすぐに３名ほど応募を頂くことができました。

3 「外国人就労アドバイザー®」による支援

最後に紹介する支援策は，筆者が全国的に整備を行う「外国人就労アドバイザー®」による民間支援です。「外国人就労アドバイザー®」とは，外国籍労働者と日本企業の就労マッチングサービスを手掛ける「エベレストキャリア™」（運営：株式会社エベレストコンサルティング）が独自に認定した専門的知識を有する提携パートナーであり，次のいずれかの要件を満たしている専門家（国家資格者）になります。

① 日本企業が外国人を雇用するうえでの「在留資格」に関して知識を有する「申請取次行政書士」
② 外国人雇用に関連する各種労働法や人事制度に関する専門的知見を有する「社会保険労務士」
③ 労働者の職業の選択，職業生活設計又は職業能力の開発及び向上に関する専門的知見を有する「キャリアコンサルタント」

外国籍労働者の雇用に関して相談先といえば，申請取次行政書士や社会保険労務士が挙げられますが，単に資格を保有して開業をしていても，その支援実績に乏しい場合があり，そのことは日本企業の人事担当者にてインターネットで検索しただけでは，把握しづらいものです。そこで，単に資格を保有するだけでなく，外国籍労働者の支援について実務経験を備えるか否かを当社が判断し，全国ネットワークとして構築した専門家が「外国人就労アドバイザー®」です。民間企業が行う独自の資格制度は多数ありますが，国家資格を母体にしているため，品質が高いと自負しています。「エベレストキャリア」[21]のサイト内から都道府県ごとに検索が可能となっており，順次

21 https://everest-career.jp/

拡大をしております。外国籍労働者の雇用について専門家をお探しの際は，当該サイト検索又は筆者までご連絡ください。適切な専門家を無料で斡旋致します[22]。

22　専門家の紹介にあたり，紹介先に対していかなる報酬や対価も発生しません。

おわりに

「技能実習制度の失敗を繰り返さず，次の世代が，将来の国際社会において日本を“誇らしいと思える国”にしたい」

これは，本書を執筆するきっかけにもなった筆者の想いです。2019年4月に，現政権の支持基盤である経済界の強い意向に従う形で始まった新しい在留資格「特定技能」の創設に至っては，在留管理を行う法務省はもちろん，外務省や厚生労働省はもちろんのこと，各産業分野を統括するほぼ全ての省庁を巻き込み，連日，国会内外で多数の議論がなされました。そのときに，制度導入反対派の議員や省庁担当者から問題提起され，報道機関においても多数報道されたのが，「技能実習生の失踪問題」でした。法務省が2018年2月に発表した『平成29年に外国人の研修・技能実習の適正な実施を妨げる「不正行為」について』によれば，2017年に失踪した実習生は7,000人を超し，2013年からの5年間では延べ2万6,000人が失踪しているというのです。もちろん，失踪の原因は様々で，実習生側の都合によるケースもあると推測されますが，実習実施先となる日本企業において，最低賃金を下回っていたり，劣悪な労働条件のもとで酷使されたりするケースが少なからずありました。これにより，不本意ながら帰国した元実習生により，母国のマスメディアで放映され，「日本はひどい国だ」と非難されることも少なくありませんでした。また，日本国内においても，2019年6月24日にNHKのドキュメンタリー「ノーナレ　画面の向こうから」で，外国人技能実習生の状況について取り上げられ，国内外で多くの反響がありました。これらのニュースを見聞きし，日ごろから申請取次行政書士として在留管理を取り扱う専門家として，目を輝かせて日本にやってくる方々に申し訳なく思ったのは，きっと私だけではないはずです。

本書を通じ，多くの日本企業において正しい在留資格制度の理解及び適切な外国籍労働者の雇用管理が進み，将来世代における国際社会において，「日本は人口減少という国難を，外国人材の適切な活用等によって乗り切った素晴らしい国」や「労働市場においてまで「おもてなしの心」がある国」というポジティブな評価がなされるようになれば幸いです。

また，入管法という複雑な制度については本書を読んでも理解しづらい部分があると存じますので，読者サポートとして，外国籍労働者の雇用に関連する「無料メール相談」を行っております。筆者が代表を務める「行政書士法人エベレスト」のお問合せメールフォーム（https://www.gyouseishoshi-everest.com）より，お気軽にご相談ください。

最後に，本書の出版に当たり，税務経理協会の小林様に企画から構成に渡る細部にまで，多大なご協力を頂きました。心より感謝の意を述べさせていただきます。

行政書士法人エベレスト　代表社員

野村　篤司

【巻末資料 1】出入国管理及び難民認定法　別表第一・第二

別表第一

一

在留資格	本邦において行うことができる活動
外交	日本国政府が接受する外国政府の外交使節団若しくは領事機関の構成員，条約若しくは国際慣行により外交使節と同様の特権及び免除を受ける者又はこれらの者と同一の世帯に属する家族の構成員としての活動
公用	日本国政府の承認した外国政府若しくは国際機関の公務に従事する者又はその者と同一の世帯に属する家族の構成員としての活動（この表の外交の項の下欄に掲げる活動を除く。）
教授	本邦の大学若しくはこれに準ずる機関又は高等専門学校において研究，研究の指導又は教育をする活動
芸術	収入を伴う音楽，美術，文学その他の芸術上の活動（二の表の興行の項の下欄に掲げる活動を除く。）
宗教	外国の宗教団体により本邦に派遣された宗教家の行う布教その他の宗教上の活動
報道	外国の報道機関との契約に基づいて行う取材その他の報道上の活動

二

在留資格	本邦において行うことができる活動
高度専門職	一　高度の専門的な能力を有する人材として法務省令で定める基準に適合する者が行う次のイからハまでのいずれかに該当する活動であつて，我が国の学術研究又は経済の発展に寄与することが見込まれるもの イ　法務大臣が指定する本邦の公私の機関との契約に基づいて研究，研究の指導若しくは教育をする活動又は当該活動と併せて当該活動と関連する事業を自ら経営し若しくは当該機関以外の本邦の公私の機関との契約に基づいて研究，研究の指導若しくは教育をする活動 ロ　法務大臣が指定する本邦の公私の機関との契約に基づいて自然科学若しくは人文科学の分野に属する知識若しくは技術を要する業務に従事する活動又は当該活動と併せて当該活動と関連する事業を自ら経営する活動 ハ　法務大臣が指定する本邦の公私の機関において貿易その他の事業の経営を行い若しくは当該事業の管理に従事する活動又は当該活動と併せて当該活動と関連する事業を自ら経営する活動

	二　前号に掲げる活動を行つた者であつて，その在留が我が国の利益に資するものとして法務省令で定める基準に適合するものが行う次に掲げる活動 イ　本邦の公私の機関との契約に基づいて研究，研究の指導又は教育をする活動 ロ　本邦の公私の機関との契約に基づいて自然科学又は人文科学の分野に属する知識又は技術を要する業務に従事する活動 ハ　本邦の公私の機関において貿易その他の事業の経営を行い又は当該事業の管理に従事する活動 ニ　イからハまでのいずれかの活動と併せて行う一の表の教授の項から報道の項までの下欄に掲げる活動又はこの表の法律・会計業務の項，医療の項，教育の項，技術・人文知識・国際業務の項，介護の項，興行の項若しくは技能の項の下欄若しくは特定技能の項の下欄第二号に掲げる活動（イからハまでのいずれかに該当する活動を除く。）
経営・管理	本邦において貿易その他の事業の経営を行い又は当該事業の管理に従事する活動（この表の法律・会計業務の項の下欄に掲げる資格を有しなければ法律上行うことができないこととされている事業の経営又は管理に従事する活動を除く。）
法律・会計業務	外国法事務弁護士，外国公認会計士その他法律上資格を有する者が行うこととされている法律又は会計に係る業務に従事する活動
医療	医師，歯科医師その他法律上資格を有する者が行うこととされている医療に係る業務に従事する活動
研究	本邦の公私の機関との契約に基づいて研究を行う業務に従事する活動（一の表の教授の項の下欄に掲げる活動を除く。）
教育	本邦の小学校，中学校，義務教育学校，高等学校，中等教育学校，特別支援学校，専修学校又は各種学校若しくは設備及び編制に関してこれに準ずる教育機関において語学教育その他の教育をする活動
技術・人文知識・国際業務	本邦の公私の機関との契約に基づいて行う理学，工学その他の自然科学の分野若しくは法律学，経済学，社会学その他の人文科学の分野に属する技術若しくは知識を要する業務又は外国の文化に基盤を有する思考若しくは感受性を必要とする業務に従事する活動（一の表の教授の項，芸術の項及び報道の項の下欄に掲げる活動並びにこの表の経営・管理の項から教育の項まで及び企業内転勤の項から興行の項までの下欄に掲げる活動を除く。）
企業内転勤	本邦に本店，支店その他の事業所のある公私の機関の外国にある事業所の職員が本邦にある事業所に期間を定めて転勤して当該事業所において行うこの

	表の技術・人文知識・国際業務の項の下欄に掲げる活動
介護	本邦の公私の機関との契約に基づいて介護福祉士の資格を有する者が介護又は介護の指導を行う業務に従事する活動
興行	演劇，演芸，演奏，スポーツ等の興行に係る活動又はその他の芸能活動（この表の経営・管理の項の下欄に掲げる活動を除く。）
技能	本邦の公私の機関との契約に基づいて行う産業上の特殊な分野に属する熟練した技能を要する業務に従事する活動
特定技能	一　法務大臣が指定する本邦の公私の機関との雇用に関する契約（第２条の５第１項から第４項までの規定に適合するものに限る。次号において同じ。）に基づいて行う特定産業分野（人材を確保することが困難な状況にあるため外国人により不足する人材の確保を図るべき産業上の分野として法務省令で定めるものをいう。同号において同じ。）であつて法務大臣が指定するものに属する法務省令で定める相当程度の知識又は経験を必要とする技能を要する業務に従事する活動 二　法務大臣が指定する本邦の公私の機関との雇用に関する契約に基づいて行う特定産業分野であつて法務大臣が指定するものに属する法務省令で定める熟練した技能を要する業務に従事する活動
技能実習	一　次のイ又はロのいずれかに該当する活動 イ　技能実習法第八条第一項の認定（技能実習法第11条第１項の規定による変更の認定があつたときは，その変更後のもの。以下同じ。）を受けた技能実習法第８条第１項に規定する技能実習計画（技能実習法第２条第２項第１号に規定する第１号企業単独型技能実習に係るものに限る。）に基づいて，講習を受け，及び技能，技術又は知識（以下「技能等」という。）に係る業務に従事する活動 ロ　技能実習法第８条第１項の認定を受けた同項に規定する技能実習計画（技能実習法第２条第４項第１号に規定する第１号団体監理型技能実習に係るものに限る。）に基づいて，講習を受け，及び技能等に係る業務に従事する活動 二　次のイ又はロのいずれかに該当する活動 イ　技能実習法第８条第１項の認定を受けた同項に規定する技能実習計画（技能実習法第２条第２項第２号に規定する第二号企業単独型技能実習に係るものに限る。）に基づいて技能等を要する業務に従事する活動 ロ　技能実習法第８条第１項の認定を受けた同項に規定する技能実習計画（技能実習法第２条第４項第２号に規定する第２号団体監理型技能実習

	に係るものに限る。）に基づいて技能等を要する業務に従事する活動 三　次のイ又はロのいずれかに該当する活動 イ　技能実習法第８条第１項の認定を受けた同項に規定する技能実習計画（技能実習法第２条第２項第３号に規定する第３号企業単独型技能実習に係るものに限る。）に基づいて技能等を要する業務に従事する活動 ロ　技能実習法第８条第１項の認定を受けた同項に規定する技能実習計画（技能実習法第２条第４項第３号に規定する第３号団体監理型技能実習に係るものに限る。）に基づいて技能等を要する業務に従事する活動
備考　法務大臣は，特定技能の項の下欄の法務省令を定めようとするときは，あらかじめ，関係行政機関の長と協議するものとする。	

三

在留資格	本邦において行うことができる活動
文化活動	収入を伴わない学術上若しくは芸術上の活動又は我が国特有の文化若しくは技芸について専門的な研究を行い若しくは専門家の指導を受けてこれを修得する活動（四の表の留学の項から研修の項までの下欄に掲げる活動を除く。）
短期滞在	本邦に短期間滞在して行う観光，保養，スポーツ，親族の訪問，見学，講習又は会合への参加，業務連絡その他これらに類似する活動

四

在留資格	本邦において行うことができる活動
留学	本邦の大学，高等専門学校，高等学校（中等教育学校の後期課程を含む。）若しくは特別支援学校の高等部，中学校（義務教育学校の後期課程及び中等教育学校の前期課程を含む。）若しくは特別支援学校の中学部，小学校（義務教育学校の前期課程を含む。）若しくは特別支援学校の小学部，専修学校若しくは各種学校又は設備及び編制に関してこれらに準ずる機関において教育を受ける活動
研修	本邦の公私の機関により受け入れられて行う技能等の修得をする活動（二の表の技能実習の項の下欄第１号及びこの表の留学の項の下欄に掲げる活動を除く。）
家族滞在	一の表，二の表又は三の表の上欄の在留資格（外交，公用，特定技能（二の表の特定技能の項の下欄第１号に係るものに限る。），技能実習及び短期滞在を除く。）をもつて在留する者又はこの表の留学の在留資格をもつて在留する者の扶養を受ける配偶者又は子として行う日常的な活動

五

在留資格	本邦において行うことができる活動
特定活動	法務大臣が個々の外国人について特に指定する活動

別表第二

在留資格	本邦において有する身分又は地位
永住者	法務大臣が永住を認める者
日本人の配偶者等	日本人の配偶者若しくは特別養子又は日本人の子として出生した者
永住者の配偶者等	永住者等の配偶者又は永住者等の子として本邦で出生しその後引き続き本邦に在留している者
定住者	法務大臣が特別な理由を考慮し一定の在留期間を指定して居住を認める者

【巻末資料 2】上陸許可基準省令

（出入国管理及び難民認定法第 7 条第 1 項第 2 号の基準を定める省令）

出入国管理及び難民認定法（昭和 26 年政令第 319 号）第 7 条の規定に基づき，出入国管理及び難民認定法第 7 条第 1 項第 2 号の基準を定める省令を次のように定める。

出入国管理及び難民認定法（以下「法」という。）第 7 条第 1 項第 2 号の基準は，法第 6 条第 2 項の申請を行った者（以下「申請人」という。）が本邦において行おうとする次の表の上欄に掲げる活動に応じ，それぞれ同表の下欄に掲げるとおりとする。

活動	基準
法別表第一の二の表の高度専門職の項の下欄第 1 号に掲げる活動	申請人が出入国管理及び難民認定法別表第一の二の表の高度専門職の項の下欄の基準を定める省令（平成 26 年法務省令第 37 号）第 1 条第 1 項に掲げる基準に適合することのほか，次の各号のいずれにも該当すること。 一　次のいずれかに該当すること。 イ　本邦において行おうとする活動が法別表第一の一の表の教授の項から報道の項までの下欄に掲げる活動のいずれかに該当すること。 ロ　本邦において行おうとする活動が法別表第一の二の表の経営・管理の項から技能の項までの下欄に掲げる活動のいずれかに該当し，かつ，この表の当該活動の項の下欄に掲げる基準に適合すること。 二　本邦において行おうとする活動が我が国の産業及び国民生活に与える影響等の観点から相当でないと認める場合でないこと。
法別表第一の二の表の経営・管理の項の下欄に掲げる活動	申請人が次のいずれにも該当していること。 一　申請に係る事業を営むための事業所が本邦に存在すること。ただし，当該事業が開始されていない場合にあっては，当該事業を営むための事業所として使用する施設が本邦に確保されていること。 二　申請に係る事業の規模が次のいずれかに該当していること。 イ　その経営又は管理に従事する者以外に本邦に居住する 2 人以上の常勤の職員（法別表第一の上欄の在留資格をもって在留する者を除く。）が従事して営まれるものであること。 ロ　資本金の額又は出資の総額が 500 万円以上であること。 ハ　イ又はロに準ずる規模であると認められるものであること。 三　申請人が事業の管理に従事しようとする場合は，事業の経営又

	は管理について３年以上の経験（大学院において経営又は管理に係る科目を専攻した期間を含む。）を有し，かつ，日本人が従事する場合に受ける報酬と同等額以上の報酬を受けること。
法別表第一の二の表の法律・会計業務の項の下欄に掲げる活動	申請人が弁護士，司法書士，土地家屋調査士，外国法事務弁護士，公認会計士，外国公認会計士，税理士，社会保険労務士，弁理士，海事代理士又は行政書士としての業務に従事すること。
法別表第一の二の表の医療の項の下欄に掲げる活動	一　申請人が医師，歯科医師，薬剤師，保健師，助産師，看護師，准看護師，歯科衛生士，診療放射線技師，理学療法士，作業療法士，視能訓練士，臨床工学技士又は義肢装具士としての業務に日本人が従事する場合に受ける報酬と同等額以上の報酬を受けて従事すること。 二　申請人が准看護師としての業務に従事しようとする場合は，本邦において准看護師の免許を受けた後４年以内の期間中に研修として業務を行うこと。 三　申請人が薬剤師，歯科衛生士，診療放射線技師，理学療法士，作業療法士，視能訓練士，臨床工学技士又は義肢装具士としての業務に従事しようとする場合は，本邦の医療機関又は薬局に招へいされること。
法別表第一の二の表の研究の項の下欄に掲げる活動	申請人が次のいずれにも該当していること。ただし，我が国の国若しくは地方公共団体の機関，我が国の法律により直接に設立された法人若しくは我が国の特別の法律により特別の設立行為をもって設立された法人，我が国の特別の法律により設立され，かつ，その設立に関し行政官庁の認可を要する法人若しくは独立行政法人（独立行政法人通則法（平成 11 年法律第 103 号）第２条第１項に規定する独立行政法人をいう。以下同じ。）又は国，地方公共団体若しくは独立行政法人から交付された資金により運営されている法人で法務大臣が告示をもって定めるものとの契約に基づいて研究を行う業務に従事しようとする場合は，この限りでない。 一　大学（短期大学を除く。）を卒業し若しくはこれと同等以上の教育を受け若しくは本邦の専修学校の専門課程を修了（当該修了に関し法務大臣が告示をもって定める要件に該当する場合に限る。）した後従事しようとする研究分野において修士の学位若しくは３年以上の研究の経験（大学院において研究した期間を含

	む。）を有し，又は従事しようとする研究分野において10年以上の研究の経験（大学において研究した期間を含む。）を有すること。ただし，本邦に本店，支店その他の事業所のある公私の機関の外国にある事業所の職員が本邦にある事業所に期間を定めて転勤して当該事業所において研究を行う業務に従事しようとする場合であって，申請に係る転勤の直前に外国にある本店，支店その他の事業所において法別表第一の二の表の研究の項の下欄に掲げる業務に従事している場合で，その期間（研究の在留資格をもって当該本邦にある事業所において業務に従事していた期間がある場合には，当該期間を合算した期間）が継続して1年以上あるときは，この限りでない。 二　日本人が従事する場合に受ける報酬と同等額以上の報酬を受けること。
法別表第一の二の表の教育の項の下欄に掲げる活動	一　申請人が各種学校若しくは設備及び編制に関してこれに準ずる教育機関において教育をする活動に従事する場合又はこれら以外の教育機関において教員以外の職について教育をする活動に従事する場合は，次のいずれにも該当していること。ただし，申請人が各種学校又は設備及び編制に関してこれに準ずる教育機関であって，法別表第一の一の表の外交若しくは公用の在留資格又は四の表の家族滞在の在留資格をもって在留する子女に対して，初等教育又は中等教育を外国語により施すことを目的として設立された教育機関において教育をする活動に従事する場合は，イに該当すること。 イ　次のいずれかに該当していること。 (1)　大学を卒業し，又はこれと同等以上の教育を受けたこと。 (2)　行おうとする教育に必要な技術又は知識に係る科目を専攻して本邦の専修学校の専門課程を修了（当該修了に関し法務大臣が告示をもって定める要件に該当する場合に限る。）したこと。 (3)　行おうとする教育に係る免許を有していること。 ロ　外国語の教育をしようとする場合は当該外国語により12年以上の教育を受けていること，それ以外の科目の教育をしようとする場合は教育機関において当該科目の教育について5年以上従事した実務経験を有していること。 二　日本人が従事する場合に受ける報酬と同等額以上の報酬を受け

	ること。
法別表第一の二の表の技術・人文知識・国際業務の項の下欄に掲げる活動	申請人が次のいずれにも該当していること。ただし，申請人が，外国弁護士による法律事務の取扱いに関する特別措置法（昭和 61 年法律第 66 号）第 58 条の 2 に規定する国際仲裁事件の手続についての代理に係る業務に従事しようとする場合は，この限りでない。 一　申請人が自然科学又は人文科学の分野に属する技術又は知識を必要とする業務に従事しようとする場合は，従事しようとする業務について，次のいずれかに該当し，これに必要な技術又は知識を修得していること。ただし，申請人が情報処理に関する技術又は知識を要する業務に従事しようとする場合で，法務大臣が告示をもって定める情報処理技術に関する試験に合格し又は法務大臣が告示をもって定める情報処理技術に関する資格を有しているときは，この限りでない。 イ　当該技術若しくは知識に関連する科目を専攻して大学を卒業し，又はこれと同等以上の教育を受けたこと。 ロ　当該技術又は知識に関連する科目を専攻して本邦の専修学校の専門課程を修了（当該修了に関し法務大臣が告示をもって定める要件に該当する場合に限る。）したこと。 ハ　10 年以上の実務経験（大学，高等専門学校，高等学校，中等教育学校の後期課程又は専修学校の専門課程において当該技術又は知識に関連する科目を専攻した期間を含む。）を有すること。 二　申請人が外国の文化に基盤を有する思考又は感受性を必要とする業務に従事しようとする場合は，次のいずれにも該当していること。 イ　翻訳，通訳，語学の指導，広報，宣伝又は海外取引業務，服飾若しくは室内装飾に係るデザイン，商品開発その他これらに類似する業務に従事すること。 ロ　従事しようとする業務に関連する業務について 3 年以上の実務経験を有すること。ただし，大学を卒業した者が翻訳，通訳又は語学の指導に係る業務に従事する場合は，この限りでない。 三　日本人が従事する場合に受ける報酬と同等額以上の報酬を受けること。

法別表第一の二の表の企業内転勤の項の下欄に掲げる活動	申請人が次のいずれにも該当していること。 一　申請に係る転勤の直前に外国にある本店，支店その他の事業所において法別表第一の二の表の技術・人文知識・国際業務の項の下欄に掲げる業務に従事している場合で，その期間（企業内転勤の在留資格をもって外国に当該事業所のある公私の機関の本邦にある事業所において業務に従事していた期間がある場合には，当該期間を合算した期間）が継続して1年以上あること。 二　日本人が従事する場合に受ける報酬と同等額以上の報酬を受けること。
法別表第一の二の表の介護の項の下欄に掲げる活動	申請人が次のいずれにも該当していること。 一　社会福祉士及び介護福祉士法（昭和62年法律第30号）第40条第2項第1号から第3号までのいずれかに該当すること。 二　日本人が従事する場合に受ける報酬と同等額以上の報酬を受けること。
法別表第一の二の表の興行の項の下欄に掲げる活動	一　申請人が演劇，演芸，歌謡，舞踊又は演奏（以下「演劇等」という。）の興行に係る活動に従事しようとする場合は，二に規定する場合を除き，次のいずれにも該当していること。 イ　申請人が従事しようとする活動について次のいずれかに該当していること。ただし，当該興行を行うことにより得られる報酬の額（団体で行う興行の場合にあっては当該団体が受ける総額）が1日につき500万円以上である場合は，この限りでない。 (1)　削除 (2)　外国の教育機関において当該活動に係る科目を2年以上の期間専攻したこと。 (3)　2年以上の外国における経験を有すること。 ロ　申請人が次のいずれにも該当する本邦の機関との契約（当該機関が申請人に対して月額20万円以上の報酬を支払う義務を負うことが明示されているものに限る。以下この号において「興行契約」という。）に基づいて演劇等の興行に係る活動に従事しようとするものであること。ただし，主として外国の民族料理を提供する飲食店（風俗営業等の規制及び業務の適正化等に関する法律（昭和23年法律第122号。以下「風営法」という。）第2条第1項第1号に規定する営業を営む施設を除く。）

を運営する機関との契約に基づいて月額20万円以上の報酬を受けて当該飲食店において当該外国の民族音楽に関する歌謡，舞踊又は演奏に係る活動に従事しようとするときは，この限りでない。

(1)　外国人の興行に係る業務について通算して3年以上の経験を有する経営者又は管理者がいること。

(2)　5名以上の職員を常勤で雇用していること。

(3)　当該機関の経営者又は常勤の職員が次のいずれにも該当しないこと。

（i）　人身取引等を行い，唆し，又はこれを助けた者

（ii）　過去5年間に法第24条第3号の4イからハまでに掲げるいずれかの行為を行い，唆し，又はこれを助けた者

（iii）　過去5年間に当該機関の事業活動に関し，外国人に不正に法第3章第1節若しくは第2節の規定による証明書の交付，上陸許可の証印（法第9条第4項の規定による記録を含む。以下同じ。）若しくは許可，同章第四節の規定による上陸の許可又は法第4章第1節，第2節若しくは法第5章第3節の規定による許可を受けさせる目的で，文書若しくは図画を偽造し，若しくは変造し，虚偽の文書若しくは図画を作成し，若しくは偽造若しくは変造された文書若しくは図画若しくは虚偽の文書若しくは図画を行使し，所持し，若しくは提供し，又はこれらの行為を唆し，若しくはこれを助けた者

（iv）　法第74条から第74条の8までの罪又は売春防止法（昭和31年法律第118号）第6条から第13条までの罪により刑に処せられ，その執行を終わり，又は執行を受けることがなくなった日から5年を経過しない者

（v）　暴力団員による不当な行為の防止等に関する法律（平成3年法律第77号）第2条第6号に規定する暴力団員（以下「暴力団員」という。）又は暴力団員でなくなった日から五年を経過しない者

(4)　過去3年間に締結した興行契約に基づいて興行の在留資格をもって在留する外国人に対して支払義務を負う報酬の全額を支払っていること。

ハ　申請に係る演劇等が行われる施設が次に掲げるいずれの要件

にも適合すること。ただし，興行に係る活動に従事する興行の在留資格をもって在留する者が当該施設において申請人以外にいない場合は，(6) に適合すること。

(1)　不特定かつ多数の客を対象として外国人の興行を行う施設であること。

(2)　風営法第２条第１項第１号に規定する営業を営む施設である場合は，次に掲げるいずれの要件にも適合していること。

（ｉ）　専ら客の接待（風営法第２条第３項に規定する接待をいう。以下同じ。）に従事する従業員が５名以上いること。

（ii）　興行に係る活動に従事する興行の在留資格をもって在留する者が客の接待に従事するおそれがないと認められること。

(3)　13 平方メートル以上の舞台があること。

(4)　９平方メートル（出演者が５名を超える場合は，９平方メートルに５名を超える人数の１名につき 1.6 平方メートルを加えた面積）以上の出演者用の控室があること。

(5)　当該施設の従業員の数が５名以上であること。

(6)　当該施設を運営する機関の経営者又は当該施設に係る業務に従事する常勤の職員が次のいずれにも該当しないこと。

（ｉ）　人身取引等を行い，唆し，又はこれを助けた者

（ii）　過去５年間に法第 24 条第３号の４イからハまでに掲げるいずれかの行為を行い，唆し，又はこれを助けた者

（iii）　過去５年間に当該機関の事業活動に関し，外国人に不正に法第３章第１節若しくは第２節の規定による証明書の交付，上陸許可の証印若しくは許可，同章第４節の規定による上陸の許可又は法第４章第１節，第２節若しくは法第５章第３節の規定による許可を受けさせる目的で，文書若しくは図画を偽造し，若しくは変造し，虚偽の文書若しくは図画を作成し，若しくは偽造若しくは変造された文書若しくは図画若しくは虚偽の文書若しくは図画を行使し，所持し，若しくは提供し，又はこれらの行為を唆し，若しくはこれを助けた者

（iv）　法第 74 条から第 74 条の８までの罪又は売春防止法第６条から第 13 条までの罪により刑に処せられ，その執

行を終わり，又は執行を受けることがなくなった日から5年を経過しない者

(v) 暴力団員又は暴力団員でなくなった日から5年を経過しない者

二　申請人が演劇等の興行に係る活動に従事しようとする場合は，次のいずれかに該当していること。

イ　我が国の国若しくは地方公共団体の機関，我が国の法律により直接に設立された法人若しくは我が国の特別の法律により特別の設立行為をもって設立された法人が主催する演劇等の興行又は学校教育法（昭和22年法律第26号）に規定する学校，専修学校若しくは各種学校において行われる演劇等の興行に係る活動に従事しようとするとき。

ロ　我が国と外国との文化交流に資する目的で国，地方公共団体又は独立行政法人の資金援助を受けて設立された本邦の公私の機関が主催する演劇等の興行に係る活動に従事しようとするとき。

ハ　外国の情景又は文化を主題として観光客を招致するために外国人による演劇等の興行を常時行っている敷地面積10万平方メートル以上の施設において当該興行に係る活動に従事しようとするとき。

ニ　客席において飲食物を有償で提供せず，かつ，客の接待をしない施設（営利を目的としない本邦の公私の機関が運営するもの又は客席の定員が百人以上であるものに限る。）において演劇等の興行に係る活動に従事しようとするとき。

ホ　当該興行により得られる報酬の額（団体で行う興行の場合にあっては当該団体が受ける総額）が1日につき50万円以上であり，かつ，15日を超えない期間本邦に在留して演劇等の興行に係る活動に従事しようとするとき。

三　申請人が演劇等の興行に係る活動以外の興行に係る活動に従事しようとする場合は，日本人が従事する場合に受ける報酬と同等額以上の報酬を受けて従事すること。

四　申請人が興行に係る活動以外の芸能活動に従事しようとする場合は，申請人が次のいずれかに該当する活動に従事し，かつ，日本人が従事する場合に受ける報酬と同等額以上の報酬を受けること。

イ　商品又は事業の宣伝に係る活動

	ロ　放送番組（有線放送番組を含む。）又は映画の製作に係る活動 ハ　商業用写真の撮影に係る活動 ニ　商業用のレコード，ビデオテープその他の記録媒体に録音又は録画を行う活動
法別表第一の二の表の技能の項の下欄に掲げる活動	申請人が次のいずれかに該当し，かつ，日本人が従事する場合に受ける報酬と同等額以上の報酬を受けること。 一　料理の調理又は食品の製造に係る技能で外国において考案され我が国において特殊なものを要する業務に従事する者で，次のいずれかに該当するもの（第9号に掲げる者を除く。） イ　当該技能について10年以上の実務経験（外国の教育機関において当該料理の調理又は食品の製造に係る科目を専攻した期間を含む。）を有する者 ロ　経済上の連携に関する日本国とタイ王国との間の協定附属書7第1部A第5節1（c）の規定の適用を受ける者 二　外国に特有の建築又は土木に係る技能について10年（当該技能を要する業務に10年以上の実務経験を有する外国人の指揮監督を受けて従事する者の場合にあっては，5年）以上の実務経験（外国の教育機関において当該建築又は土木に係る科目を専攻した期間を含む。）を有する者で，当該技能を要する業務に従事するもの 三　外国に特有の製品の製造又は修理に係る技能について10年以上の実務経験（外国の教育機関において当該製品の製造又は修理に係る科目を専攻した期間を含む。）を有する者で，当該技能を要する業務に従事するもの 四　宝石，貴金属又は毛皮の加工に係る技能について10年以上の実務経験（外国の教育機関において当該加工に係る科目を専攻した期間を含む。）を有する者で，当該技能を要する業務に従事するもの 五　動物の調教に係る技能について10年以上の実務経験（外国の教育機関において動物の調教に係る科目を専攻した期間を含む。）を有する者で，当該技能を要する業務に従事するもの 六　石油探査のための海底掘削，地熱開発のための掘削又は海底鉱物探査のための海底地質調査に係る技能について10年以上の実務経験（外国の教育機関において石油探査のための海底掘削，地

	熱開発のための掘削又は海底鉱物探査のための海底地質調査に係る科目を専攻した期間を含む。）を有する者で，当該技能を要する業務に従事するもの 七　航空機の操縦に係る技能について250時間以上の飛行経歴を有する者で，航空法（昭和27年法律第231号）第2条第18項に規定する航空運送事業の用に供する航空機に乗り組んで操縦者としての業務に従事するもの 八　スポーツの指導に係る技能について3年以上の実務経験（外国の教育機関において当該スポーツの指導に係る科目を専攻した期間及び報酬を受けて当該スポーツに従事していた期間を含む。）を有する者若しくはこれに準ずる者として法務大臣が告示をもって定める者で，当該技能を要する業務に従事するもの又はスポーツの選手としてオリンピック大会，世界選手権大会その他の国際的な競技会に出場したことがある者で，当該スポーツの指導に係る技能を要する業務に従事するもの 九　ぶどう酒の品質の鑑定，評価及び保持並びにぶどう酒の提供（以下「ワイン鑑定等」という。）に係る技能について5年以上の実務経験（外国の教育機関においてワイン鑑定等に係る科目を専攻した期間を含む。）を有する次のいずれかに該当する者で，当該技能を要する業務に従事するもの イ　ワイン鑑定等に係る技能に関する国際的な規模で開催される競技会（以下「国際ソムリエコンクール」という。）において優秀な成績を収めたことがある者 ロ　国際ソムリエコンクール（出場者が1国につき1名に制限されているものに限る。）に出場したことがある者 ハ　ワイン鑑定等に係る技能に関して国（外国を含む。）若しくは地方公共団体（外国の地方公共団体を含む。）又はこれらに準ずる公私の機関が認定する資格で法務大臣が告示をもって定めるものを有する者
法別表第一の二の表の特定技能の項の下欄第1号に掲げる活動	申請人に係る特定技能雇用契約が法第2条の5第1項及び第2項の規定に適合すること及び特定技能雇用契約の相手方となる本邦の公私の機関が同条第3項及び第4項の規定に適合すること並びに申請人に係る1号特定技能外国人支援計画が同条第6項及び第7項の規定に適合することのほか，申請人が次のいずれにも該当していること。

一　申請人が次のいずれにも該当していること。ただし，申請人が外国人の技能実習の適正な実施及び技能実習生の保護に関する法律（平成28年法律第89号）第2条第2項第2号に規定する第2号企業単独型技能実習又は同条第4項第2号に規定する第2号団体監理型技能実習のいずれかを良好に修了している者であり，かつ，当該修了している技能実習において修得した技能が，従事しようとする業務において要する技能と関連性が認められる場合にあっては，ハ及びニに該当することを要しない。

イ　18歳以上であること。

ロ　健康状態が良好であること。

ハ　従事しようとする業務に必要な相当程度の知識又は経験を必要とする技能を有していることが試験その他の評価方法により証明されていること。

ニ　本邦での生活に必要な日本語能力及び従事しようとする業務に必要な日本語能力を有していることが試験その他の評価方法により証明されていること。

ホ　退去強制令書の円滑な執行に協力するとして法務大臣が告示で定める外国政府又は地域（出入国管理及び難民認定法施行令（平成10年政令第178号）第1条に定める地域をいう。以下同じ。）の権限ある機関の発行した旅券を所持していること。

ヘ　特定技能（法別表第一の二の表の特定技能の項の下欄第1号に係るものに限る。）の在留資格をもって本邦に在留したことがある者にあっては，当該在留資格をもって在留した期間が通算して五年に達していないこと。

二　申請人又はその配偶者，直系若しくは同居の親族その他申請人と社会生活において密接な関係を有する者が，特定技能雇用契約に基づく申請人の本邦における活動に関連して，保証金の徴収その他名目のいかんを問わず，金銭その他の財産を管理されず，かつ，特定技能雇用契約の不履行について違約金を定める契約その他の不当に金銭その他の財産の移転を予定する契約が締結されておらず，かつ，締結されないことが見込まれること。

三　申請人が特定技能雇用契約の申込みの取次ぎ又は外国における法別表第一の二の表の特定技能の項の下欄第1号に掲げる活動の準備に関して外国の機関に費用を支払っている場合にあっては，その額及び内訳を十分に理解して当該機関との間で合意している

	こと。 四　申請人が国籍又は住所を有する国又は地域において，申請人が本邦で行う活動に関連して当該国又は地域において遵守すべき手続が定められている場合にあっては，当該手続を経ていること。 五　食費，居住費その他名目のいかんを問わず申請人が定期に負担する費用について，当該申請人が，当該費用の対価として供与される食事，住居その他の利益の内容を十分に理解した上で合意しており，かつ，当該費用の額が実費に相当する額その他の適正な額であり，当該費用の明細書その他の書面が提示されること。 六　前各号に掲げるもののほか，法務大臣が告示で定める特定の産業上の分野に係るものにあっては，当該産業上の分野を所管する関係行政機関の長が，法務大臣と協議の上，当該産業上の分野に特有の事情に鑑みて告示で定める基準に適合すること。
法別表第一の二の表の特定技能の項の下欄第２号に掲げる活動	申請人に係る特定技能雇用契約が法第２条の５第１項及び第２項の規定に適合すること及び特定技能雇用契約の相手方となる本邦の公私の機関が同条第３項（第２号を除く。）及び第四項の規定に適合することのほか，申請人が次のいずれにも該当していること。 一　申請人が次のいずれにも該当していること。 イ　18歳以上であること。 ロ　健康状態が良好であること。 ハ　従事しようとする業務に必要な熟練した技能を有していることが試験その他の評価方法により証明されていること。 ニ　退去強制令書の円滑な執行に協力するとして法務大臣が告示で定める外国政府又は地域の権限ある機関の発行した旅券を所持していること。 二　申請人又はその配偶者，直系若しくは同居の親族その他申請人と社会生活において密接な関係を有する者が，特定技能雇用契約に基づく申請人の本邦における活動に関連して，保証金の徴収その他名目のいかんを問わず，金銭その他の財産を管理されず，かつ，特定技能雇用契約の不履行について違約金を定める契約その他の不当に金銭その他の財産の移転を予定する契約が締結されておらず，かつ，締結されないことが見込まれること。 三　申請人が特定技能雇用契約の申込みの取次ぎ又は外国における法別表第一の二の表の特定技能の項の下欄第２号に掲げる活動の準備に関して外国の機関に費用を支払っている場合にあっては，

	その額及び内訳を十分に理解して当該機関との間で合意していること。 四　申請人が国籍又は住所を有する国又は地域において，申請人が本邦で行う活動に関連して当該国又は地域において遵守すべき手続が定められている場合にあっては，当該手続を経ていること。 五　食費，居住費その他名目のいかんを問わず申請人が定期に負担する費用について，当該申請人が，当該費用の対価として供与される食事，住居その他の利益の内容を十分に理解した上で合意しており，かつ，当該費用の額が実費に相当する額その他の適正な額であり，当該費用の明細書その他の書面が提示されること。 六　技能実習の在留資格をもって本邦に在留していたことがある者にあっては，当該在留資格に基づく活動により本邦において修得，習熟又は熟達した技能等の本国への移転に努めるものと認められること。 七　前各号に掲げるもののほか，法務大臣が告示で定める特定の産業上の分野に係るものにあっては，当該産業上の分野を所管する関係行政機関の長が，法務大臣と協議の上，当該産業上の分野に特有の事情に鑑みて告示で定める基準に適合すること。
法別表第一の二の表の技能実習の項の下欄に掲げる活動	本邦において行おうとする活動に係る技能実習計画（外国人の技能実習の適正な実施及び技能実習生の保護に関する法律第 8 条第 1 項に規定する技能実習計画をいう。）について，同項の認定がされていること。
法別表第一の四の表の留学の項の下欄に掲げる活動	一　申請人が次のいずれかに該当していること。 イ　申請人が本邦の大学若しくはこれに準ずる機関，専修学校の専門課程，外国において 12 年の学校教育を修了した者に対して本邦の大学に入学するための教育を行う機関又は高等専門学校に入学して教育を受けること（専ら夜間通学して又は通信により教育を受ける場合を除く。）。 ロ　申請人が本邦の大学に入学して，当該大学の夜間において授業を行う大学院の研究科（当該大学が当該研究科において教育を受ける外国人の出席状況及び法第 19 条第 1 項の規定の遵守状況を十分に管理する体制を整備している場合に限る。）において専ら夜間通学して教育を受けること。 ハ　申請人が本邦の高等学校（定時制を除き，中等教育学校の後期課程を含む。以下この項において同じ。）若しくは特別支援

学校の高等部，中学校（義務教育学校の後期課程及び中等教育学校の前期課程を含む。以下この項において同じ。）若しくは特別支援学校の中学部，小学校（義務教育学校の前期課程を含む。以下この項において同じ。）若しくは特別支援学校の小学部，専修学校の高等課程若しくは一般課程又は各種学校若しくは設備及び編制に関してこれに準ずる教育機関に入学して教育を受けること（専ら夜間通学して又は通信により教育を受ける場合を除く。）。

二　申請人がその本邦に在留する期間中の生活に要する費用を支弁する十分な資産，奨学金その他の手段を有すること。ただし，申請人以外の者が申請人の生活費用を支弁する場合は，この限りでない。

三　申請人が専ら聴講による教育を受ける研究生又は聴講生として教育を受ける場合は，第1号イ又はロに該当し，当該教育を受ける教育機関が行う入学選考に基づいて入学の許可を受け，かつ，当該教育機関において1週間につき10時間以上聴講をすること。

四　申請人が高等学校において教育を受けようとする場合は，年齢が二十歳以下であり，かつ，教育機関において1年以上の日本語の教育又は日本語による教育を受けていること。ただし，我が国の国若しくは地方公共団体の機関，独立行政法人，国立大学法人，学校法人，公益社団法人又は公益財団法人の策定した学生交換計画その他これに準ずる国際交流計画に基づき生徒として受け入れられて教育を受けようとする場合は，この限りでない。

四の二　申請人が中学校若しくは特別支援学校の中学部又は小学校若しくは特別支援学校の小学部において教育を受けようとする場合は，次のいずれにも該当していること。ただし，我が国の国若しくは地方公共団体の機関，独立行政法人，国立大学法人，学校法人，公益社団法人又は公益財団法人の策定した学生交換計画その他これに準ずる国際交流計画に基づき生徒又は児童として受け入れられて教育を受けようとする場合は，イ及びロに該当することを要しない。

イ　申請人が中学校において教育を受けようとする場合は，年齢が十七歳以下であること。

ロ　申請人が小学校において教育を受けようとする場合は，年齢が十四歳以下であること。

	ハ　本邦において申請人を監護する者がいること。 ニ　申請人が教育を受けようとする教育機関に外国人生徒又は児童の生活の指導を担当する常勤の職員が置かれていること。 ホ　常駐の職員が置かれている寄宿舎その他の申請人が日常生活を支障なく営むことができる宿泊施設が確保されていること。 五　申請人が専修学校又は各種学校において教育を受けようとする場合（専ら日本語の教育を受けようとする場合を除く。）は，次のいずれにも該当していること。ただし，申請人が外国から相当数の外国人を入学させて初等教育又は中等教育を外国語により施すことを目的として設立された教育機関において教育を受ける活動に従事する場合は，イに該当することを要しない。 イ　申請人が外国人に対する日本語教育を行う教育機関（以下「日本語教育機関」という。）で法務大臣が文部科学大臣の意見を聴いて告示をもって定めるものにおいて6か月以上の日本語の教育を受けた者，専修学校若しくは各種学校において教育を受けるに足りる日本語能力を試験により証明された者又は学校教育法第1条に規定する学校（幼稚園を除く。）において一年以上の教育を受けた者であること。 ロ　申請人が教育を受けようとする教育機関に外国人学生の生活の指導を担当する常勤の職員が置かれていること。 六　申請人が専修学校，各種学校又は設備及び編制に関して各種学校に準ずる教育機関において専ら日本語の教育を受けようとする場合は，当該教育機関が法務大臣が文部科学大臣の意見を聴いて告示をもって定める日本語教育機関であること。 七　申請人が外国において12年の学校教育を修了した者に対して本邦の大学に入学するための教育を行う機関において教育を受けようとする場合は，当該機関が法務大臣が文部科学大臣の意見を聴いて告示をもって定めるものであること。 八　申請人が設備及び編制に関して各種学校に準ずる教育機関において教育を受けようとする場合（専ら日本語の教育を受けようとする場合を除く。）は，当該教育機関が法務大臣が告示をもって定めるものであること。
法別表第一の四の表の研修の項の下欄に掲げる活動	一　申請人が修得しようとする技能，技術又は知識（以下「技能等」という。）が同一の作業の反復のみによって修得できるものではないこと。

二　申請人が18歳以上であり，かつ，国籍又は住所を有する国に帰国後本邦において修得した技能等を要する業務に従事することが予定されていること。
三　申請人が住所を有する地域において修得することが不可能又は困難である技能等を修得しようとすること。
四　申請人が受けようとする研修が研修生を受け入れる本邦の公私の機関（以下「受入れ機関」という。）の常勤の職員で修得しようとする技能等について5年以上の経験を有するものの指導の下に行われること。
五　申請人が本邦において受けようとする研修の中に実務研修（商品の生産若しくは販売をする業務又は対価を得て役務の提供を行う業務に従事することにより技能等を修得する研修（商品の生産をする業務に係るものにあっては，生産機器の操作に係る実習（商品を生産する場所とあらかじめ区分された場所又は商品を生産する時間とあらかじめ区分された時間において行われるものを除く。）を含む。）をいう。第8号において同じ。）が含まれている場合は，次のいずれかに該当していること。
イ　申請人が，我が国の国若しくは地方公共団体の機関又は独立行政法人が自ら実施する研修を受ける場合
ロ　申請人が独立行政法人国際観光振興機構の事業として行われる研修を受ける場合
ハ　申請人が独立行政法人国際協力機構の事業として行われる研修を受ける場合
ニ　申請人が独立行政法人石油天然ガス・金属鉱物資源機構石油開発技術センターの事業として行われる研修を受ける場合
ホ　申請人が国際機関の事業として行われる研修を受ける場合
ヘ　イからニに掲げるもののほか，申請人が我が国の国，地方公共団体又は我が国の法律により直接に設立された法人若しくは我が国の特別の法律により特別の設立行為をもって設立された法人若しくは独立行政法人の資金により主として運営される事業として行われる研修を受ける場合で受入れ機関が次のいずれにも該当するとき。
(1)　研修生用の宿泊施設を確保していること（申請人が受けようとする研修の実施についてあっせんを行う機関（以下この号及び次号において「あっせん機関」という。）が宿泊施

設を確保していることを含む。)。

(2) 研修生用の研修施設を確保していること。

(3) 申請人の生活の指導を担当する職員を置いていること。

(4) 申請人が研修中に死亡し,負傷し,又は疾病に罹患した場合における保険(労働者災害補償保険を除く。)への加入その他の保障措置を講じていること(あっせん機関が当該保障措置を講じていることを含む。)。

(5) 研修施設について労働安全衛生法(昭和 47 年法律第 57 号)の規定する安全衛生上必要な措置に準じた措置を講じていること。

ト 申請人が外国の国若しくは地方公共団体又はこれらに準ずる機関の常勤の職員である場合で受入れ機関がヘの (1) から (5) までのいずれにも該当するとき。

チ 申請人が外国の国又は地方公共団体の指名に基づき,我が国の国の援助及び指導を受けて行う研修を受ける場合で次のいずれにも該当するとき。

(1) 申請人が外国の住所を有する地域において技能等を広く普及する業務に従事していること。

(2) 受入れ機関がヘの (1) から (5) までのいずれにも該当すること。

六 受入れ機関又はあっせん機関が研修生の帰国旅費の確保その他の帰国担保措置を講じていること。

七 受入れ機関が研修の実施状況に係る文書を作成し,研修を実施する事業所に備え付け,当該研修の終了の日から 1 年以上保存することとされていること。

八 申請人が本邦において受けようとする研修の中に実務研修が含まれている場合は,当該実務研修を受ける時間(2 以上の受入れ機関が申請人に対して実務研修を実施する場合にあっては,これらの機関が実施する実務研修を受ける時間を合計した時間)が,本邦において研修を受ける時間全体の 3 分の 2 以下であること。ただし,申請人が,次のいずれかに該当し,かつ,実務研修の時間が本邦において研修を受ける時間全体の 4 分の 3 以下であるとき又は次のいずれにも該当し,かつ,実務研修の時間が本邦において研修を受ける時間全体の 5 分の 4 以下であるときは,この限りでない。

	イ　申請人が，本邦において当該申請に係る実務研修を4月以上行うことが予定されている場合 ロ　申請人が，過去6月以内に外国の公的機関又は教育機関が申請人の本邦において受けようとする研修に資する目的で本邦外において実施した当該研修と直接に関係のある研修（実務研修を除く。）で，1月以上の期間を有し，かつ，160時間以上の課程を有するもの（受入れ機関においてその内容が本邦における研修と同等以上であることを確認したものに限る。）を受けた場合
法別表第一の四の表の家族滞在の項の下欄に掲げる活動	申請人が法別表第一の一の表若しくは二の表の上欄の在留資格，文化活動の在留資格又は留学の在留資格（この表の法別表第一の四の表の留学の項の下欄に掲げる活動の項第一号イ又はロに該当するものに限る。）をもって在留する者の扶養を受けて在留すること。

【巻末資料 3】IT 告示

(出入国管理及び難民認定法第 7 条第 1 項第 2 号の基準を定める省令の技術・人文知識・国際業務の在留資格に係る基準の特例を定める件)

出入国管理及び難民認定法第 7 条第 1 項第 2 号の基準を定める省令（平成 2 年法務省令第 16 号）の表の法別表第一の二の表の技術・人文知識・国際業務の項の下欄に掲げる活動の項下欄第 1 号ただし書の規定に基づき定める情報処理技術に関する試験は次の第 1 号から第 10 号までに定めるものとし，情報処理技術に関する資格は第 11 号及び第 12 号に定めるものとする。

一　我が国における試験で次に掲げるもの

イ　情報処理の促進に関する法律（昭和 45 年法律第 90 号）に基づき経済産業大臣が実施する情報処理安全確保支援士試験

ロ　情報処理の促進に関する法律に基づき経済産業大臣が実施する情報処理技術者試験のうち次に掲げるもの

(1)　IT ストラテジスト試験
(2)　システムアーキテクト試験
(3)　プロジェクトマネージャ試験
(4)　ネットワークスペシャリスト試験
(5)　データベーススペシャリスト試験
(6)　エンベデッドシステムスペシャリスト試験
(7)　IT サービスマネージャ試験
(8)　システム監査技術者試験
(9)　応用情報技術者試験
(10)　基本情報技術者試験
(11)　情報セキュリティマネジメント試験

ハ　通商産業大臣又は経済産業大臣が実施した情報処理技術者試験で次に掲げるもの

(1)　第一種情報処理技術者認定試験
(2)　第二種情報処理技術者認定試験
(3)　第一種情報処理技術者試験
(4)　第二種情報処理技術者試験
(5)　特種情報処理技術者試験
(6)　情報処理システム監査技術者試験
(7)　オンライン情報処理技術者試験
(8)　ネットワークスペシャリスト試験
(9)　システム運用管理エンジニア試験
(10)　プロダクションエンジニア試験

(11)　データベーススペシャリスト試験
(12)　マイコン応用システムエンジニア試験
(13)　システムアナリスト試験
(14)　システム監査技術者試験
(15)　アプリケーションエンジニア試験
(16)　プロジェクトマネージャ試験
(17)　上級システムアドミニストレータ試験
(18)　ソフトウェア開発技術者試験
(19)　テクニカルエンジニア（ネットワーク）試験
(20)　テクニカルエンジニア（データベース）試験
(21)　テクニカルエンジニア（システム管理）試験
(22)　テクニカルエンジニア（エンベデッドシステム）試験
(23)　テクニカルエンジニア（情報セキュリティ）試験
(24)　情報セキュリティアドミニストレータ試験
(25)　情報セキュリティスペシャリスト試験

二　中国における試験で次に掲げるもの

イ　中国工業和信息化部教育与考試中心が実施する試験のうち次に掲げるもの
(1)　系統分析師（システム・アナリスト）
(2)　信息系統項目管理師（インフォメーション・システム・プロジェクト・マネージャ）
(3)　系統架構設計師（システム・アーキテクト）
(4)　軟件設計師（ソフトウェア設計エンジニア）
(5)　網絡工程師（ネットワーク・エンジニア）
(6)　数据庫系統工程師（データベース・システム・エンジニア）
(7)　程序員（プログラマ）

ロ　中国信息産業部電子教育中心又は中国工業和信息化部電子教育与考試中心が実施した試験のうち次に掲げるもの
(1)　系統分析員（システム・アナリスト）
(2)　高級程序員（ソフトウェア・エンジニア）
(3)　系統分析師（システム・アナリスト）
(4)　軟件設計師（ソフトウェア設計エンジニア）
(5)　網絡工程師（ネットワーク・エンジニア）
(6)　数据庫系統工程師（データベース・システム・エンジニア）
(7)　程序員（プログラマ）

三　フィリピンにおける試験で次に掲げるもの

イ　フィリピン国家情報技術標準財団（PhilNITS）が実施する試験のうち次に掲げるもの
(1)　基本情報技術者（ファンダメンタル・インフォメーション・テクノロジー・エンジニア）試験
(2)　応用情報技術者（アプライド・インフォメーション・テクノロジー・エンジニア）試験
ロ　フィリピン・日本情報技術標準試験財団（JITSE Phil）が実施した基本情報技術者（ファンダメンタル・インフォメーション・テクノロジー・エンジニア）試験
四　ベトナムにおける試験で次に掲げるもの
イ　ベトナム訓練試験センター（VITEC）が実施する試験のうち次に掲げるもの
(1)　基本情報技術者（ファンダメンタル・インフォメーション・テクノロジー・エンジニア）試験
(2)　応用情報技術者（アプライド・インフォメーション・テクノロジー・エンジニア）試験
ロ　ベトナム情報技術試験訓練支援センター（VITEC）又はベトナム訓練試験センター（VITEC）が実施した試験のうち次に掲げるもの
(1)　基本情報技術者（ファンダメンタル・インフォメーション・テクノロジー・エンジニア）試験
(2)　ソフトウェア開発技術者（ソフトウェア・デザイン・アンド・ディベロップメント・エンジニア）試験
五　ミャンマーにおけるミャンマーコンピュータ連盟（MCF）が実施する試験のうち次に掲げるもの
イ　基本情報技術者（ファンダメンタル・インフォメーション・テクノロジー・エンジニア）試験
ロ　応用情報技術者（アプライド・インフォメーション・テクノロジー・エンジニア）試験
六　台湾における財団法人資訊工業策進会（III）が実施した試験のうち次に掲げるもの
イ　軟体設計専業人員（ソフトウェア・デザイン・アンド・ディベロップメント・IT・エキスパート）試験
ロ　網路通訊専業人員（ネットワーク・コミュニケーション・IT・エキスパート）試験
ハ　資訊安全管理専業人員（インフォメーション・システム・セキュリティー・IT・エキスパート）試験
七　マレーシアにおけるマルチメディア技術促進本部（METEOR）が実施する基本情報技術者（ファンダメンタル・インフォメーション・テクノロジー・プロフェッショナル）試験

八　タイにおける試験で次に掲げるもの
イ　国立科学技術開発庁（NSTDA）が実施する試験のうち次に掲げるもの
(1)　基本情報技術者（ファンダメンタル・インフォメーション・テクノロジー・エンジニア）試験
(2)　応用情報技術者（アプライド・インフォメーション・テクノロジー・エンジニア）試験
ロ　国立電子コンピュータ技術センター（NECTEC）が実施した基本情報技術者（ファンダメンタル・インフォメーション・テクノロジー・エンジニア）試験
九　モンゴルにおけるモンゴル国立ITパーク（NITP）が実施する試験のうち次に掲げるもの
イ　基本情報技術者（ファンダメンタル・インフォメーション・テクノロジー・エンジニア）試験
ロ　応用情報技術者（アプライド・インフォメーション・テクノロジー・エンジニア）試験
十　バングラデシュにおけるバングラデシュコンピュータ評議会（BCC）が実施する試験のうち次に掲げるもの
イ　基本情報技術者（ファンダメンタル・インフォメーション・テクノロジー・エンジニア）試験
ロ　応用情報技術者（アプライド・インフォメーション・テクノロジー・エンジニア）試験
十一　シンガポールにおけるシンガポールコンピューターソサイエティ（SCS）が認定するサーティファイド・IT・プロジェクト・マネージャ（CITPM）
十二　韓国における韓国産業人力公団が認定する資格のうち次に掲げるもの
イ　情報処理技師（エンジニア・インフォメーション・プロセシング）
ロ　情報処理産業技師（インダストリアル・エンジニア・インフォメーション・プロセシング）以上

【巻末資料4】定住者告示

○出入国管理及び難民認定法第7条第1項第2号の規定に基づき同法別表第二の定住者の項の下欄に掲げる地位を定める件（平成2年法務省告示第132号，最近改正：平成27年7月2日法務省告示第357号）

出入国管理及び難民認定法（昭和26年政令第319号。以下「法」という。）第7条第1項第2号の規定に基づき，同法別表第二の定住者の項の下欄に掲げる地位であらかじめ定めるものは，次のとおりとする。

一　タイ国内において一時的に庇（ひ）護されているミャンマー難民であって，国際連合難民高等弁務官事務所が国際的な保護の必要な者と認め，我が国に対してその保護を推薦するもののうち，次のいずれかに該当するものに係るもの

　イ　日本社会への適応能力がある者であって，生活を営むに足りる職に就くことが見込まれるもの及びその配偶者又は子

　ロ　この号（イに係るものに限る。）に掲げる地位を有する者として上陸の許可を受けて上陸しその後引き続き本邦に在留する者の親族であって，親族間での相互扶助が可能であるもの

二　マレーシア国内に一時滞在しているミャンマー難民であって，国際連合難民高等弁務官事務所が国際的な保護の必要な者と認め，我が国に対してその保護を推薦するもののうち，前号イに該当するものに係るもの

三　日本人の子として出生した者の実子（前2号又は第8号に該当する者を除く。）であって素行が善良であるものに係るもの

四　日本人の子として出生した者でかつて日本国民として本邦に本籍を有したことがあるものの実子の実子（前3号又は第8号に該当する者を除く。）であって素行が善良であるものに係るもの

五　次のいずれかに該当する者（第1号から前号まで又は第8号に該当する者を除く。）に係るもの

　イ　日本人の配偶者等の在留資格をもって在留する者で日本人の子として出生したものの配偶者

　ロ　1年以上の在留期間を指定されている定住者の在留資格をもって在留する者（第3又は前号に掲げる地位を有する者として上陸の許可，在留資格の変更の許可又は在留資格の取得の許可を受けた者及びこの号に該当する者として上陸の許可を受けた者で当該在留期間中に離婚をしたものを除く。）の配偶者

　ハ　第3号又は前号に掲げる地位を有する者として上陸の許可，在留資格の変更の許可又は在留資格の取得の許可を受けた者で1年以上の在留期間を指定されている定住者の在留資格をもって在留するもの（この号に該当する者として上陸の許可を受けた者で当該在留期間中に離婚をしたものを除く。）の配偶者であって素行が善良であるも

の

六　次のいずれかに該当する者（第１号から第４号まで又は第８号に該当する者を除く。）に係るもの

イ　日本人，永住者の在留資格をもって在留する者又は日本国との平和条約に基づき日本の国籍を離脱した者等の出入国管理に関する特例法（平成３年法律第71号）に定める特別永住者（以下「特別永住者」という。）の扶養を受けて生活するこれらの者の未成年で未婚の実子

ロ　１年以上の在留期間を指定されている定住者の在留資格をもって在留する者（第３号，第４号又は前号ハに掲げる地位を有する者として上陸の許可，在留資格の変更の許可又は在留資格の取得の許可を受けた者を除く。）の扶養を受けて生活する当該者の未成年で未婚の実子

ハ　第３号，第４号又は前号ハに掲げる地位を有する者として上陸の許可，在留資格の変更の許可又は在留資格の取得の許可を受けた者で１年以上の在留期間を指定されている定住者の在留資格をもって在留するものの扶養を受けて生活するこれらの者の未成年で未婚の実子であって素行が善良であるもの

ニ　日本人，永住者の在留資格をもって在留する者，特別永住者又は１年以上の在留期間を指定されている定住者の在留資格をもって在留する者の配偶者で日本人の配偶者等又は永住者の配偶者等の在留資格をもって在留するものの扶養を受けて生活するこれらの者の未成年で未婚の実子

七　次のいずれかに該当する者の扶養を受けて生活するこれらの者の６歳未満の養子（第１号から第４号まで，前号又は次号に該当する者を除く。）に係るもの

イ　日本人

ロ　永住者の在留資格をもって在留する者

ハ　１年以上の在留期間を指定されている定住者の在留資格をもって在留する者

ニ　特別永住者

八　次のいずれかに該当する者に係るもの

イ　中国の地域における昭和20年８月９日以後の混乱等の状況の下で本邦に引き揚げることなく同年９月２日以前から引き続き中国の地域に居住している者であって同日において日本国民として本邦に本籍を有していたもの

ロ　前記イを両親として昭和20年９月３日以後中国の地域で出生し，引き続き中国の地域に居住している者

ハ　中国残留邦人等の円滑な帰国の促進並びに永住帰国した中国残留邦人等及び特定配偶者の自立の支援に関する法律施行規則（平成６年厚生省令第63号）第１条第１号若しくは第２号又は第２条第１号若しくは第２号に該当する者

ニ　中国残留邦人等の円滑な帰国の促進並びに永住帰国した中国残留邦人等及び特定配

偶者の自立の支援に関する法律（平成6年法律第30号）第2条第1項に規定する中国残留邦人等であって同条第4項に規定する永住帰国により本邦に在留する者（以下「永住帰国中国残留邦人等」という。）と本邦で生活を共にするために本邦に入国する当該永住帰国中国残留邦人等の親族であって次のいずれかに該当するもの

（ｉ） 配偶者

（ii） 20歳未満の実子（配偶者のないものに限る。）

（iii） 日常生活又は社会生活に相当程度の障害がある実子（配偶者のないものに限る。）であって当該永住帰国中国残留邦人等又はその配偶者の扶養を受けているもの

（iv） 実子であって当該永住帰国中国残留邦人等（55歳以上であるもの又は日常生活若しくは社会生活に相当程度の障害があるものに限る。）の永住帰国後の早期の自立の促進及び生活の安定のために必要な扶養を行うため本邦で生活を共にすることが最も適当である者として当該永住帰国中国残留邦人等から申出のあったもの

（ｖ） 前記（iv）に規定する者の配偶者

ホ　6歳に達する前から引き続き前記イからハまでのいずれかに該当する者と同居し（通学その他の理由により一時的にこれらの者と別居する場合を含む。以下同じ。），かつ，これらの者の扶養を受けている，又は六歳に達する前から婚姻若しくは就職するまでの間引き続きこれらの者と同居し，かつ，これらの者の扶養を受けていたこれらの者の養子又は配偶者の婚姻前の子

以上

索　引

筆者プロフィール

野村　篤司

行政書士法人エベレスト代表社員・株式会社エベレストコンサルティング代表取締役社長。申請取次行政書士，宅地建物取引士。中京大学心理学部在学中の19歳で行政書士試験に合格し，2014年7月に独立開業。以来，数多くの外国籍労働者の就労支援や居住支援，企業向けの採用コンサルティングを主として活動しながら，士業系コンサルティングファーム『エベレストグループ』を展開。同グループに所属する社会保険労務士，司法書士，税理士，公認会計士，キャリアコンサルタント及びグループ外における多数の専門家たちと協業し，様々な日本における社会的課題を解決すべく，総合的かつ専門的なサービス提供，新規事業開発を行っている。2020年1月に，不法就労リスクを抑えることを念頭において開発した在留資格管理システム「ビザレコ®」をリリース。趣味は登山で，日本最大級の登山サークル「山頂café〜ビギナーのための登山サークル〜」の創設者でもあり，「NHKクローズアップ現代」や「NHKニュースおはよう日本」にも出演歴有り。

著者との契約により検印省略

令和２年４月10日　初版第１刷発行

採用担当者なら押さえておきたい
外国籍人材雇用の基礎知識

著　者　野　村　篤　司
発行者　大　坪　克　行
印刷所　株式会社　技　秀　堂
製本所　牧製本印刷株式会社

発行所　東京都新宿区下落合2丁目5番13号　株式会社　税務経理協会

郵便番号　161-0033　振替　00190-2-187408　電話（03）3953-3301（編集部）
FAX（03）3565-3391　（03）3953-3325（営業部）
URL　http://www.zeikei.co.jp/
乱丁・落丁の場合はお取替えいたします。

ISBN978－4－419－06694－9　C3034